本项目由中国光彩事业基金会旭化成水环保专项基金资助实施

和孩子们一起成长

文县教育援助"百人计划"纪实

Growing with Children:
One Hundred-Talent Education Program in Wenxian County, Gansu

顾　　问　吴秀和
主　　编　樊　志
副 主 编　金　鑫
执行主编　侯　琳
编 委 会　陈　威　张长宏　张　帆　王　婷
　　　　　何　昊　郭诗诗　熊　韦　李　翔
　　　　　张　玮　肖　寒　李一溪　何毅鹏

社会科学文献出版社
SOCIAL SCIENCES ACADEMIC PRESS (CHINA)

序

　　"甘肃文县教育援助百人计划"是2009年启动的，由中国光彩事业基金会资助、中国大学生环境教育基地组织实施的公益项目，每年共组织高校大学生志愿者100名到地震灾区、国家级贫困县——甘肃省文县进行志愿服务，以期实现"了解环境状况，改善基础教育，服务西部发展，培养绿色青年"的目的。

　　川甘交界的大山中，闭塞、贫穷和污染是一道比单纯的"落后"更沉重的锁链。而教育，或许是解开这条锁链唯一的钥匙。穹顶之下，璀璨星空见证，绵绵青山见证，滔滔白水江见证，五年中的每一个盛夏和寒冬，百人计划不断深入大山，足迹遍布文县乡镇，为当地的孩子送去了知识、送去了走出大山的渴望，使他们第一次在崇山峻岭之间瞥见未来的一线天光。

　　"在文县做过志愿者，一辈子都愿意做志愿者。"本书将历年参与支教的大学生的文章集结成册，这群年轻人用众多真实感人的事例共同谱写了一段关于青春、梦想和奉献的乐章。

六年传承，百人接力，不懈努力。我们有理由相信，这个已经讲了六年的老故事带来的对青年责任和教育真谛的思考，理应被更多的人看到，而它的精彩才刚刚开始。

编 者

2015 年 5 月

目录

第一章

五年奔波，为何坚持

永不疲倦的奔波

金 鑫

北京大学 2002 级本科生，2009 年志愿者

现任中国大学生环境教育基地秘书长

在文县支教是从 2009 年开始的，那个时候距离"5·12"汶川地震还不足一年，我和同事们看到一篇题为"被遗忘的角落"的报道。大意是甘肃文县是国家级贫困县，也是"5·12"地震甘肃受灾最严重的地方，需要更多的社会关注和支持。于是我们产生了"为当地做点事情"的想法。大多数时候将想法变成行动需要一个复杂的过程，所以"说走就走的旅行"和"奋不顾身的爱情"被视为那么难得的体验。幸运的是，中国光彩事业基金会旭化成水环保基金的中日双方代表对我们的想法非常支持。也正是在他们的支持下，我们成功地踏上了追寻之旅。

这是一件"神奇"的事情

作为项目的主要组织者之一，在项目可行性调研的时候我就预计到了条件的艰苦，但是真的没有预计到同学们在面临艰苦条件时能表现出来如此强大的勇敢、乐观和奉献精神。

文县的地理位置比较特殊，交通不便，余震、泥石流、洪水这些不速之客总是周期性地造访。2009 年的时候余震最多，我赶上震级最高的一次是 4.7 级。那个时候我们睡前总是要设置一个"倒立啤酒瓶警报装置"。还有一次同学们支教所在的乡被洪水围困，交通中断，而且经常断电。当时张长宏老师电话告诉我他们没事，学校处在"高地"。

去的路途也不总是一帆风顺，有一次火车在四川临时停车 12 个小时，2013 年暑期 T7 列车因为洪水的原因直接临时停运。我和同学们到文县路上时间最长的一次用了 72 个小时。由于火车票紧张，同学们大多数时候坐的都是硬座。我曾无数次等待过志愿者的抱怨和"投诉电话"，但是五年来从来没有等到过。

所以每当有人甚至是前辈侃侃而谈"80 后""90 后"吃不了苦、太娇贵的时候，我总会介绍一些支教志愿者的故事。我只是想说，不是大家吃不了苦，需要吃苦的时候谁也没有退缩。国家富强了，大家的生活水平都在提高，没吃过那么多苦真的不代表我们不能吃苦。

这是一种珍贵的成长经历

人们常说"读万卷书不如行万里路"。我认为这是从人的成长的角度上说的。现在很多路是可以在书中、在朋友圈和互联网上走出来的。但文县支教这条路真的值得亲身走一遭。

我第一次和志愿者们去文县的时候，县里到各个乡镇的交通还不太顺畅，很多时候要靠"小面的"或者叫"黑车"在乡间小路上往返。当时很多司机听说志愿者是去乡里给孩子们上课的，无论如何都不肯收钱。甚至还有司机早晨在县里面等着接送志愿者。志愿者在移动板房里给学生上课的时候，经常在孩子们的要求下"被拖堂"，还有其他班级的学生下课后趴在窗户上听志愿者讲课。志愿者们开玩笑说当时的状态"就像被注射了鸡血一样"，白天不停地讲课，晚上不停地备课。我们收到过很多学生送来的感谢信和亲手制作的礼物，有些小学生的感谢信上还有很多错别字和需要"领会精神"的说法，比如"祝老师们长命百寿"。孩子们对知识、对外面世界的渴望，乡亲们对于孩子接受教育的期待，让很多志愿者感受到前所未有"被需要"。这种在为别人服务的过程中找到的价值感、幸福感和成就感只有亲身体验过才能明白。有同学跟我讲，在文县做过一次志愿者，一辈子都愿意做志愿者。

这是一次不知疲倦的追寻

当你沉浸在热恋的幸福中时，可能很少会去想为什么你会恋爱。因为几乎所有的元素都是你恋爱的推动因素，所有的一切都在为你的幸福而有机地组合着。但是当你即将走进婚姻殿堂的时候，你可能会有更多的思考。

我们到底在追寻什么？

在文县，我和我的同事们、学生们、兄弟院校的同学们都留下了太多珍贵的记忆。如果现在问大家参与这项志愿服务到底是为了追寻什么，可能会得到很多的答案。也许是对已经深入思想之中的"为人民服务"精神进一步得到践行的期待；也许是受国家和社会培养教育多年，带着感恩的心回报社会的诉求；也许是对提升个人思想境界和丰富人生阅历的渴望；也许就是想看看国家级贫困县什么样，自己能为他们做点什么。当然，在这个过程中收获的成长、友谊也是每个志愿者所津津乐道的。但是如果进行一次非常简略的概括的话，我认为实际上是大家对于国家富强的共同追求——希望通过我们的努力让每个人的生活都变得更好，从而让国家变得更富强。对国家富强的追求就像是数学里面的"公理"；在我们的生活中遵循着无数的"定理"和"推论"，很少直接用"公理"解题，但一切又都包含于公理之中。我想社会主义核心价值观倡导的那12个词都是由千千万万个普通人的共同追求总结而来的。所以几年下来，我想我们追寻的本质其实就是国家富强。

追寻之旅路在何方？

当我们这个项目处在"热恋"期的时候，我们一直在尽自己所能地做事情，并且取得了很好的效果。但是4年多过去了，既然不会"分手"，那注定要走进"婚姻"殿堂了。所以我们也要有更多的思考，想想当地还需要我们做些什么。

我们进行了"授之以渔"的大胆尝试，组织文县的中学教师到北京进行培训。请教育领域、环保领域的专家以及知名的中学教师进行讲座，邀请老师们到北大附中去听课，以提升老师们的知识素养和教学水平。同时我们还为当地学校的困难学生寻求社会资助，也帮助当地学校改建寻求社会力量的支持。这个过程中也让我们的志愿者除了授课和组织文体活动之外多了一些体验和锻炼的机会。我们俨然已经成为文县教育行业的北京"联络点"。我想这种探索还会继续！

结语：

作为一名高校辅导员，我自认为应该是最重视教育的群体中的一员。但是当我 2009 年 3 月第一次在文县横丹乡"CBD"的一面墙上看到"教育决定和改变着一个人、一个家庭、一代人的命运；教育决定和改变着一个城市、一个国家、一个民族的未来"时，我被震撼了。2013 年 2 月我再次经过那面墙的时候，发现这些字还在。真心为我们的教育援助行动也还在继续而感到骄傲！联想起那么多天真求知的目光，真是感慨良深！

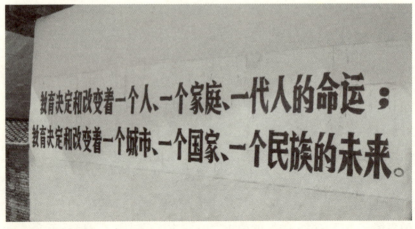

文县横丹乡的那面墙

　　教育发展是一个大命题，我们也期待着更多人参与到我们的事业中来，帮助文县的孩子和老师们实现更多的梦想。

　　让我们一起携手同行。

　　借用电影《大话西游》里面的一句话：我们遇见了开头，却没有遇见结局。因为一个比之前预期美好得多的结局正在很远很远的未来等待着我们。

五年，春意盎然了的那一片甘南

佚 名

在甘肃省南端有这样一个地方：这里与世隔绝，群山环抱的郁郁葱葱守住了这里天然的安详，参差不齐的纵横丘陵留住了这里原初的宁静。这个地方，是陇南市文县。

但是，上天偏偏要给这样一个世外桃源般的隐蔽处所带来不幸：由于经济落后，为了改善生活条件，这里原本繁茂的树木被砍伐殆尽，水土流失日益加剧；由于工业落后需要尽快发展，这里原本甘甜的白水江下游水源，被无处存放和处理的生活垃圾严重污染；由于"5·12"地震这个百年不遇的大灾难的袭击，小镇唯一的小学校舍成为危房，孩子们不得不在冬冷夏热的活动板房里上课……

宁静被闭塞取代，安详被贫穷攻占，闭塞、贫穷、污染变为一条无形的锁链，束缚着文县的发展。

在这里，缺少知识；在这里，缺少改变；在这里，缺少走出去的眼光和动力。

这里缺少教育，以解开这条锁链；这里缺少教育，为这里带来知识，带来改变。

就在这样强烈的使命感的召唤下，在中国光彩事业基金会的支持下，中国大学生环境教育基地于 2009 年启动"百人计划"，每年组织 100 名优秀大学生深入到地震灾区同时也是国家级贫困县的甘肃省陇南市文县进行志愿服务。

五年多来，一批又一批的志愿者走进文县，以"青年的责任，我们的行动"精神为指导，在陇南山区播撒绿色的希望种子。以中国大学生环境教育基地为依托，甘肃文县地震灾区志愿服务"百人计划"运行支持团队已经在实践和探索中形成了包括志愿者招募、环境教育课件编写、志愿服务过程安全管理、成果总结、媒体宣传等一套较为完善的工作机制，制定了涵盖环境教育、中小学支教、环境调研等内容的志愿服务工作计划，逐步完善了环保图片展、环保影展、环境教育讲座、绿色图书馆等多种环境教育途径。

宣传调研：让绿色留在文县

结合专业特点和项目开展积累的第一手资料，为当地的城乡建设、污染治理、经济发展提供智力支援，一直是"百人计划"坚持推动的一项工作。

2009 年 8 月，"百人计划"志愿者与白水江环境保护区的科研专家一起，在尚德小学开展了"新生态、新生活"白水江环境保护交流会，有幸请到了白水江环境保护局的科研专家杨文云、尚德小学全体师生及家长代表参加。座谈会以学生提问、专家解答的方式进行，志愿者们纷纷提出自己针对白水江污染及保护的看法，如生活废水的排放、垃圾处理厂的建设与使用、饮用水的标准等实际问题。

在紧张的志愿服务活动之余，"百人计划"的志愿者们专程走访了文县环保局和白水江自然保护区的专家，希望能了解关于白水江水质状况的第一手资料，以便分析其污染现状和防治方法。志愿者们还在白水江及其部分支流设置了十余个水样采集点，利用当地条件进行了水质数据的检测。2010 年 7 月，"百人计划"志愿者在水环境调研的基础上开展了文县农民环境意识调研，在初中学生和普通社会公众两个样本群体中共计发放问卷 400 余份，形成了较为系统和深入的调研报告。

此外，借用尚德中学的投影教室，志愿者们举行了环保影展，为当地学生家长和老师放映了《可可西里》《后天》等环保题材的电影。每次放映之前，志愿者们都会精心准备与电影相关的环保常识，通过寓教于乐的方式使当地民众认识到环境保护的必要性和紧迫性。

"百人计划"志愿者先后于 2009 年 11 月 28 日和 2010 年 7 月 20 日开展了两次环境保护图片展和宣传活动。志愿者们在广场上立起环保知识宣传展板，开展了环保签名活动，引来不少路人支持和参与。短短的几个小时，志愿者们准备的条幅上就签满了密密麻麻的名字。

"百人计划"志愿者不仅通过调研深入了解了文县的环境状况，通过宣教活动唤醒当地群众的环保意识，更通过亲力亲为的环保实践改善文县的生态环境。中国大学生环境教育基地于 2009 年发起了"林歌"计划，号召同学"为自己的碳排放埋单"，通过"分类回收生活垃圾并将回收所得的经费用于在文县开展的植树造林活动"这一两头结合、双重减碳的方式，把北大校园内的环保努力和文县的生态环境改善紧密联系在了一起。2011 年 3 月，400 多棵柏树汇聚成的首期北京大学文县"林歌林"在文县玉虚山落地生根，留下了北大学子的绿色情怀。中国大学生环境教育基地还将在每年春秋植树季节进一步扩大文县"林歌林"的范围，给陇南山区系上绿色飘带。

支教辅导：把希望带给学生

环境教育首先要从孩子们抓起。可是，在学期间开展支教活动也遇到了困难，其中最难的是如何在开展环境教育的同时不影响正常的教学秩序。为此，志愿者们向尚德小学的张校长详细了解了课程安排情况。

随后，他们又综合各位成员的专业特长和时间安排了包括环境教育、英语、美育、自然和社会科学的课程表。他们认真准备每一节课，向以前的代课老师了解课程进度情况，并准备了环境教育的专门课件。每周两个课时的环境教育课程涵盖了天文地理常识、生物常识、水环境保护、生活垃圾处理、日常环保常识等内容。

为了让孩子们了解水环境恶化的严重后果，志愿者将田边沟渠中采集到的生活污水水样放入有金鱼的鱼缸，并引申到如果对周围的水资源不加以保护，人类也将面临和金鱼一样的环境灾难。在一堂环境教育课上，来自北京大学城市与环境学院的志愿者游鸿通过分组讨论引导孩子们学习生活垃圾处理的正确方法。孩子们的表现也让志愿者们十分欣慰，他们在讨论中不仅了解到了生活垃圾填埋和焚烧等不同的处理方法，也懂得了不同处理方法的优势和弊端。在石鸡坝中学，志愿者们进一步丰富了环境教育课程，开展了国际知名环保组织介绍、环保纪念日简介、生活中的环保等多个专题的课程。

这是很多志愿者人生中教授的第一堂课。这群依旧是"学生"的"小老师"深深地为当地孩子们求知若渴的心情所打动。志愿者王蕾在日志中写道："假使我们这些各有所长的大学生，能给这些淳朴可爱的孩子的假期生活创造乐趣，让他们对新鲜的复杂的东西多一丝好感、向往、尝试的欲望和勇气，就挺有意义了。"尽管没有多媒体教学设置，也缺少课本，志愿者们还是创新各种形式，利用现有的知识储备来丰富授课内容：教唱歌学跳舞，谈理想谈心愿，讲文县讲外界……

志愿者鼓励孩子们多看书，多了解外面的世界。2010 年，在北大法学院 2009 级硕士生于镇静等同学的带动下，"绿色图书馆"顺利落成了。志愿者肖霄说："我希望，不远的将来，从这个小镇上能够走出去一批优秀的学生。我希望，在他们的记忆里，2010 年春季开学第一周，有一批来自北京大学的学生来这里给他们上过课，并且在他们心里埋下了希望的种子。"

过去几年，"百人计划"志愿者在文县尚德小学、丹堡小学、横丹小学、石鸡坝中学、石鸡坝小学、第一中学等十余个教学点都开展了丰富多彩的教学活动。

团队接力：志愿精神薪火相传

随着"百人计划"的发展，"百人计划"项目组也逐渐摸索出了一些规范教学内容和方式的经验。针对每期志愿者进行的都是短期支教活动，可能存在系统性和连续性不足的问题，"百人计划"项目组从两个方面着手改变这一状况：一是形成"志愿者池"，每期志愿者在赴文县之前要和前期的志愿者交流，了解在文县生活和工作的经验以及教学进度；二是对每门课程形成统一格式的教案，明确课程名称、授课对象、所需设备、教学目的、课时、具体内容等各个方面的情况，使之后的志愿者对前期志愿者的授课情况能一目了然。

为了使志愿服务活动取得长期的效果，"百人计划"志愿者们还与文县学生开展信件交流。曾经到过文县的北京大学政府管理学院2007级本科生杨兵兵为尚德中学初一的每一位同学准备了一张明信片，上面写满了祝福和励志的话语。北京大学经济学院的叶晓阳同学则将这样一次通话视为"我的幸福"——"最快打来电话的是我的小徒弟，普通话还说不清楚的他竟然能够在电话那头准确地表达：师傅，我想你了，你身体好吗？以后我也要考北京大学来见你。"

北京大学社会学系2007级本科生薛荻枫是2010年北京大学学生骨干训练营甘肃文县团的团长，他们于7月份前往文县支教，并展开社会调研。"文县没有飞机、火车，我们是从四川广元取道到达文县的。虽然只有短短两百多公里的路，但一路上见到了大大小小四五十处的泥石流、塌方。我们到达石鸡坝中学的当天，还经历了当地媒体所说的历史上最大的暴雨。幸好我们在出发前就做了关于环境教育方面的准备工作，到了当地也能为孩子们传授自我保护的知识。"在文县，志愿者们也遇到过几次地震，好在都有惊无险，亲身经历让志愿者们更加意识到了在地震灾害频发的文县开展防震知识教育的重要性。

尽管环境恶劣，但志愿者们还是前赴后继，热情地参与其中。"我深深地感觉到，在这里他们多么希望我们能够给他们带来改变，带来希望。孩子们是很单纯的，每个小孩就像一张白纸，他们的未来只能依靠教育这支笔来描绘。"志愿者史洪超这样说道。

五年，我们在坚持

五年时间不长，不过是人的一生中一个短短的片段。五年时间很长，足够让一群孩子洗去天真，走过成长。

五年里，我们克服种种困难，只求把我们的爱，洒给甘南那片饱受苦难的大地。

五年里，我们解决种种问题，只求让绿色，重回甘南那片本应山清水秀的大地。

五年来，"百人计划"始终是中国大学生环境教育基地重要公益项目之一。自开展以来，"百人计划"已先后有来自北大城市与环境学院、政府管理学院、新闻与传播学院、艺术学院、经济学院、数学科学学院、中文系、哲学宗教学系、法学院、社会学系、环境科学与工程学院、生命科学学院、历史学系、医学部基础医学院等院系以及清华大学、中国农业大学、北京航空航天大学、北京理工大学、中共中央党校、北京科技大学、复旦大学、中国人民大学、北京林业大学、北京邮电大学、北京体育大学等高校的志愿者 300 余人次参与其中，涵盖文县的十几个学校和教学点，累计辐射学生近万名，授课 5000 余课时，开设专题性课程 8 大类 20 余门。

终于，这五年的坚持走到了尾声，我们的努力、汗水也伴随着那里孩子们的成长，深深地在甘南大地生根发芽。

我们从来没有想过要把甘南打造成世外桃源，但至少，能让那里的孩子和那里的大地，重新春意盎然。

记忆是在淡忘的时候还能想起

吕胜华

北京大学 2008 级研究生，2009 年志愿者

现为北京大学城市与环境学院地貌学专业博士生

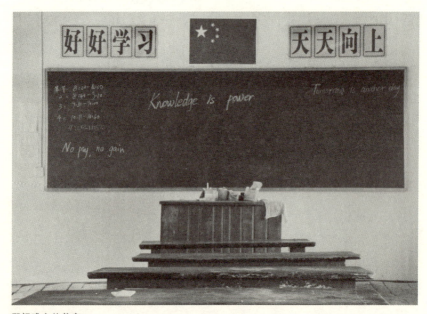

那间难忘的教室

可爱的同学们

　　此刻距离我们到文县支教的 2009 年 3 月已经过去整整 5 年。想必小学六年级的部分孩子们已经上了高一。想必那个在峡谷间建立的县城 5 年间也发生了不小的变化。2013 年横丹小学的肖老师在微信上告诉我，他们学校的新教学楼已经盖好了。5 年弹指一挥，只是时针不能回拨。按理应该有很多想说的话，但是越往回忆的巷道里走，记忆越碎片化。

　　美国总统奥巴马的夫人米歇尔·奥巴马在北大作了关于教育的演讲，里面提到教育不应该只是有背景的人才能享有的权利。我理解为任何人通过自身的努力都应该得到良好的教育，找到满意的工作，过上想要的生活。而对于那些处在连农村都算不上的山谷中的孩子们来说，教育的意义还包括走出大山。走出大山，可能意味着人生的绿洲，也有可能进入孤寂的心灵荒漠，但是可以肯定的是，走出大山意味着他们的世界被拓宽了。

支教到底好不好？

　　回来之后我们一般会把鲜活的支教素材放到媒体或者社交平台上进行扩散，事后就我个人而言会在履历中合适的时候加上这一条公益经历。而且还有中国大学生环境教育基地、英国大使馆或者中华环保基金会等有亮点的机构参与。再后来断断续续跟那边的孩子有过电话联系，2010 年以院年级党支部的名义给他们寄去一批公益图书。再后来是文县电视台的记者在 2011 年 3 月 QQ 留言，说了一些感谢我们的话。再之后关于这段经历的所有信息都仅存在于硬盘的某个角落。可能时间离得久了，我感觉自己像是那个县城、那个小学、那个年级的过客。细细想来文艺会演之后从县城回学校的路上，孩子们在到家的地方下车，气氛跟接他们去表演时的欢乐完全相反。一开始是突然的安静，几个孩子下车之后，坐我旁边的一个孩子说了一句："吕老师，我要下车了，我可以拥抱一下你吗？"没等一句话说完，车子里所有孩子都哭出声了。老师们也都止不住在流泪。那一刻什么都说不上来，只有挨个儿抱一下将要下车的孩子，只有流泪，只有流泪。我好担心是不是我做错了什么，给孩子们造成一种失去的痛苦。我好担心他们明天会怎么面对真正一直守护他们的老师。后来有孩子电话里告诉我，她哭是因为她觉得以后再也找不到像我们这样好的老师。其实我心里真的觉得我在学院老师们的眼里还算不上是好的学生。后来当地的老师告诉我，他们回答问题都改用普通话，不过同时也告诉我就在我们离开不久就有两个孩子"主动"辍学了。可见一个短期的支教势必会对当地的教育产生影响，总体上正面的影响多于负面的打扰。而对于具体的孩子，我们是浇灌了梦想之花，还是在给迷失的航船推波助澜，只能随缘。

支教到底有没有作用？

志愿者总是希望自己的正能量影响尽量大尽量持久，而事实上我们作为志愿者，在孩子们的成长过程中只是过客。一次志愿服务在我们自身的生命过程中只是一次或特殊或短暂的瞬间。孩子们今后还会遇到很多陪伴他们成长的人，也会路过很多的地方，就如同我们自身一样。是啊，谁不是过客呢？小时候刻骨铭心的小伙伴们如今都身处何方？那时清澈的池塘、欢乐的草地如今又移为何物？在我们快速变化的中国当下，似乎一切都是短暂的停留，永久的离别，暂时的清晰，长久的模糊。这个时代可能已经不再有不受外界影响的处女地了。就像缓缓流过文县的白水江带来远方的泥沙，也会走进更宽广的湖海，孩子们的未来已经不能再像他们父辈那样不走出那片山头也是一辈子，他们也会走进属于他们的大江大湖。从这个意义上来说，过客是永恒的，过客是起作用的。

　　翻看那时的照片和视频，记忆的潮水扑面而来。很难得，有那样一个不计得失不计回报的付出的机会。支教的生活简单而快乐，幸福因为纯粹而无处不在。满足感就是孩子们齐刷刷地看着你的一举一动听着你的每一句表达，幸福感就是傍晚回去的路上同路的孩子们有队没队地跟随有说有笑地搭话。记忆是在淡忘的时候还能想起，想起的都是忘不掉的片段。

2014 年 3 月 23 日
于北大畅春新园

我们在一起

青春无悔　大爱无疆

2009 年 11 月
摘自北京大学新闻网

　　甘肃文县地处陇南山区，大山给当地人民带来了丰富的动植物和矿产资源，同时也给这里带来了封闭落后和环境污染。"5·12"地震更使得这里的经济社会发展和环境状况雪上加霜，但是相对四川地震灾区，这里并没有获得外界足够的关注。近日，中国大学生环境教育基地甘肃文县地震灾区志愿服务"百人计划"第三期志愿者开赴文县，开展以环境教育与调研为主的志愿服务，为提高文县灾后重建的生态效益，改变当地教育的落后面貌贡献自己的力量。

　　本次志愿服务团队全部由北京大学师生构成，其中的学生志愿者全部由来自城市与环境学院、艺术学院、经济学院等院系的应届毕业生构成，他们把在文县的志愿服务当作自己作为北大毕业生走出学校奉献社会的第一次尝试，有的推迟了安排好的实习计划，有的放弃了日语考试前最后的准备时间，有的不顾抵抗力较弱的身体条件，全身心地投入了志愿服务中。

24.8 个小时的路程颠簸

四川省广元市是本次志愿服务的中转站。11 月 15 日,志愿者团队从北京出发赴广元,他们刚一上路就迎来了第一次考验:北方连日的大雪使得北京赴广元的 T7 次列车晚点了。大雪同时影响到了从北京开往全国各地的各次列车,北京西站滞留的旅客十分拥挤。志愿者们经过五个多小时的等待,终于登上了火车。大概是因为之前滞留旅客较多的关系,此次列车十分拥挤,志愿者们所在的硬座车厢过道、卫生间甚至最冷的车辆连接处都挤满了人和无处安放的行李。志愿者们在狭小的空间中无法活动,只好解开鞋带并不时站在座位上缓解一下双脚的麻木。第二天清晨,车厢里混浊的空气使得一夜未睡的志愿者们出现了肠胃不适、头晕、发烧等不良反应。

火车在 16 日下午 6 时左右抵达广元,经过一夜的休整,志愿者们于 17 日清晨踏上了从广元到文县的 212 国道。虽为国道,但是路况再一次考验了志愿者。广元到文县只有短短两百多公里的路,然而道路一边是山崖,一边是河川,部分路面两辆车难以并排行驶。由于地震后地质疏松,两边的山崖还不时出现岩石崩塌的情况。8 个小时后,志愿者们终于抵达了文县,开始志愿服务活动。

大山环抱中的文县

第一眼的真实感动

志愿者们到了文县尚德镇，入住当地老乡家，吃住都与当地老乡在一起。这里每天的一日三餐都很简单，由于天气较冷，室内又没有取暖设施，晚上只能靠盖着厚厚的被子入眠。志愿者们认为，只有尽可能地贴近这里的老百姓，才有可能最大限度地了解他们的需要，从而指导志愿服务活动。因此，他们开始做出这样的努力——把自己变成文县人。

志愿者们一到尚德，就开始走街串巷观察当地的社会和环境情况。尚德小学由于在地震中严重受损，目前正处于重建过程中，就连临时上课的活动板房也几易其址。选定的新校址正在进行施工，学校租用了当地一户居民建到一半的住宅来上课，到处是裸露的钢筋，不仅简陋，而且危险。来自艺术学院的志愿者陈佳说："一进校园，我的眼泪差点就流下来了。"让人感动的是尚德小学的孩子们，志愿者们一进学校，孩子们就开始用好奇和期待的眼光看着他们，脸上写满了喜悦。

阳光下取暖的婆孙俩

　　志愿者们还考察了当地环境状况和灾后重建的情况。尚德镇仍有许多地震中留下的残垣断壁和帐篷，但是紧张的重建工作正在有序地开展着。白水江边是212国道改道的路基，筑路工人们正在紧张地铺设沙石。看到文县的交通状况有可能在不久的将来得到改善，志愿者们都很高兴。但是令人担忧的是白水江上不时漂过的生活垃圾。据当地老乡说，上游除了生活垃圾污染，矿石开采导致的水体污染也很严重。

哪怕只为了一个孩子

　　尚德小学的支教活动是此次志愿服务活动的一部分，学期间开展支教活动，最难的是如何在开展环境教育的同时不影响正常的教学秩序。为此，志愿者们向尚德小学的张校长详细了解了课程安排情况。随后，他们又按照各位成员的专业特长和时间安排了涵盖环境教育、英语、美育、自然和社会科学的课程表。他们认真准备每一节课，向以前的代课老师了解课程进度情况，并准备了环境教育的专门课件。

　　为了给孩子们一个了解外部社会、直观地理解环境保护重要性的机会，志愿者们借用了尚德中学由于重建施工而暂时封闭的投影教室，为尚德小学的孩子们放映环境教育影片。教室由于长期没有使用，布满了灰尘和水泥，志愿者们不顾天气寒冷，用一早上的时间打扫干净了教室的每一个角落，并布置好了桌椅板凳。后来，孩子们如期在这里看上了电影，志愿者们觉得自己的努力是值得的。

　　目前，志愿者们为期二十天的志愿服务才刚刚开始，面前还有很多的困难等待着他们一一克服。来自城市与环境学院城规专业2005级的志愿者游鸿在日志中写道："记得哈佛大学校长在毕业典礼上说的一句名言：'把你们的爱投射到这个星球上的另一端去……'我想，地理学背景的学生更需要去了解实地情况，将狭隘的观点及其对象做一个'爱的位移'。"

孩子们的美育课

第二章

只言片语说文县

青山·绿水·友人

北京大学 2009 级本科生，2012 年志愿者

文县的青山

一方水土，养育一方人。

甘、川、陕三省交界处，有一片神奇的土地，那里既有北国之雄奇，又有南疆之灵秀。那就是文县。那里群山环绕，白龙江、白水江两条长龙穿县而过，独特的地形与多样的气候，造就了这样一个"陇上江南"。

我是一个十分内向的人，特别是在陌生人多的时候和公共场合，基本上不会主动说话。因此，这也是我第一次参加支教活动。第一次都是美好的，令人印象深刻而难以忘怀。在甘肃支教之行这 13 天里，虽然实际进行支教的时间仅仅是每天的下午那两个小时，但是就是在这短短的时间里，我获益良多。与其说是去支教，不如说是去交朋友，互换学习心得，体验不一样的生活吧。

文县，一个在高山围绕之中的美丽小县；文县，一个有大江贯穿的水边小城。刚到达的那几天，我就被她给迷住了。每天清晨，我们都可以看到烟雾缭绕的高山，似乎圣地一般。我家也是群山围绕的，但是从未见过层层叠叠的白云将山顶盖住。因此每天早上去学校的路上，我都会不经意驻足远望。而夜晚的文县又是另一番景色：山上闪烁的小灯，就像深邃的天空中眨眼的星星，充满了迷幻的色彩。清新的空气，宜人的气候，没有沙尘暴，也没有雾霾的打扰。除此之外，文县的天池还是中国四大天池之一，那湛蓝的水能与九寨沟媲美，胜似人间仙境。这些，都让我有种想在这儿长期留居的念想：闲暇时去天池划划小船，徒步登山远眺，不能不说是一种生活的享受。

但汶川地震给文县造成的伤害也是随处可见的，倒塌的建筑、开裂的路面以及破损的河堤，都在诉说着地震当时的情形。特别是县城边缘，有好几处地方都还没有通电。当时，我们真的难以想象，没有电的生活是什么样子的。谈及地震，文县的人都会后怕，只感觉天旋地转，到处都是哭喊声。虽然我们都没有经历过地震，但听他们的诉说，也感同身受。

文县的人民非常热情，但可能是由于到达文县的交通不便，导致那儿的文明程度普遍落后于其他地区。记得刚到那几天，我们去逛街购置一些日常用品时，偶然间走进一家新华书店，发现那里只有我们当初高中时候的一些比较老的参考书，而北京的参考书却已经更新换代好几次了。店主说，文县只有这一家新华书店，而且参考书的种类普遍较少，更新也慢，很多时候都会断货。那儿的风气也因此受到了影响，大部分人都缺乏一种积极的精神。一开始我们是在与文县的老师交谈中了解到这些现象的，后来几次我们在文县四处闲逛时也发现了这些问题。这是交通不便导致人们与外界交流沟通较少的大环境所导致的结果。但就是在这样的环境下，却生活着那么一群乐观、积极，想要走出大山的孩子。

我们12个人分成两队分别分配到了文县一中的两个理科实验班。还记得第一天我们走进教室的时候，同学们眼中那充满期待的眼神和热烈的掌声，让我在讲台上感觉充满了动力，虽然之前我在这方面的经验基本上就等于零。犹记得在自我介绍时，由于口音问题，再加上还有点因为害羞而脸红，发音不标准，我说错好多字句。但是他们丝毫没有嘲笑我，而是专注地听着我，尊重地喊我老师。当谈及我们都是北大的学生时，他们更是两眼放光，充满了向往的神情。他们那想要上好大学的愿望，让我至今难忘。

这次活动让我印象最深的是孩子们的独立生活能力。在课余时间和孩子们闲聊时，我们发现几乎每个孩子都是自己一个人在县里租一间屋子，然后每天就往返于学校和暂住地之间。由于父母都外出打工，除了学习之外，他们每天还要自己烧饭、洗衣等等。可以说一切生活上的问题都要他们自己解决，有时还要照顾弟弟妹妹。而我们高中时候除了学习，其他一切生活上的事情都不用自己动手。因此当得知他们每天都需要为自己准备三餐，并且每晚都是独自一人时，我惊讶不已。他们现在也才十六七岁，正是该享受青春、享受父母的关爱的时候。但事实上，他们过早地担起了家里的负担，缺少了同龄人的悠闲，却拥有超强的生活能力。我想，就算以后他们在学业上可能有困难，但是就凭他们的独立生活能力，也能活出自己的一片灿烂天空。

在文县支教的时间只有短短的 12 天，而实际上与孩子们在一起的时间加起来也不到 6 天，我们却与孩子们建立了特殊的友谊。有几次我们去了几个孩子的临时住房，给我的总体感觉是：他们太辛苦了。大部分孩子都不是文县城内的，家里距离学校都需要翻越几座山，而家里又不能负担学校提供的住宿和食堂的饮食费用，因此他们都自己一个人住在县城便宜的出租屋内，而且基本上一日三餐都是自己动手。对比之下，我很佩服他们的勇气和自理能力。虽然在年龄上我比他们都大三四岁，但实际上他们要比我成熟很多。那时候，我在佩服他们的勇气的同时也感到一丝惋惜，为他们需要过早地负担起生活责任而心疼。他们早已因为生活压力所迫而提前进入了社会。

我所接触的文县孩子的另一个特点是学习很刻苦，尤其是实验班的孩子。跟孩子们闲聊时，我发现他们基本上每天晚上都要学习到深夜 12 点甚至 1 点左右，除了要完成老师布置的作业，还会自己做些练习题，弥补自己的不足。我当时很好奇：为什么很努力，但效果却不是很明显？更奇怪的是，高一时的我们从来没有关心过高考，或者觉得高考离我们很远，但他们却都已在担心高考的事情，经常问高考怎么样之类的问题。我想，他们的压力是不是太大了？毕竟离高考还有两年，不用这么早就担心，也许是老师的强调加重了他们对高考的畏惧感、危机感。他们总害怕自己不能考上理想的大学，或者根本不能上大学，缺乏自信心。他们还说，我们和他们谈谈大学生活，会给他们带来巨大的学习动力。然而我们每次支教的时间都是有限而短暂的，真希望能通过某种纽带，长久地支持他们、激励他们。

支教期间，我们有一次去徒步登山。当时，同学们特别开心，两个班加上我们一群人声势浩大地登上了文县一中后面的那座高山。同学们会主动地帮助我们这些"体弱"的"老师"，介绍山里的一些趣味和景点。他们的热情和乐于助人让我感觉认识他们有很久了。我们还在邓艾将军雕像之前合照，在山顶唱歌，晚上回去路上讲鬼故事，手拉手过小

我的学生们

溪——这些场景到现在我都记忆犹新。

文县山美，水美，人更美。在这里，我认识了一大群大山里的孩子，他们的热情在我心里留下了一个特殊的位置。虽然他们叫我们老师，但实际上他们就像我们的弟弟妹妹，毫无保留地和我们谈心事、谈人生、谈理想。其实，我们更可以说是朋友，虽然相处时间较短，但是这份情谊将会永存！

有缘千里来相会，相信我们总有一天会再次见面。无论何时何地，如果我们再见，请允许我叫你们一声：朋友！

情系文县，不忘初心

赵剑雄

北京大学 2009 级本科生，2012 年志愿者

现为北京大学药学院化学生物学专业研究生

  2012 年暑假，我和班上的 12 名同学有幸报名参加了中国大学生环境教育基地举办并资助的"百人计划"支教甘肃文县的活动，我们共同分在一团四队，负责文县一中高二理科的教学。

  文县地处甘肃、四川、陕西交界处，是一个偏远的山区，白水江从文县穿过，四面环山，景色宜人。文县虽处在山区，但这里并没有想象中的那样落后与贫穷，实际上，在 2008 年地震过后，越来越多的人来到这里支援建设，已经把原本贫穷落后的文县建设得很好了。真正落后的，以及需要我们改变的，是那里孩子们的知识、教育和观念。

  从与当地老师的交谈中得知，这里的教育水平非常低，只有在 2008 年国家照顾的情况下才有一个考上北大的学生。中考中非常优秀的学生大多去附近其他的高中读书，剩下的并不十分优秀的同学来到文县一中。这些孩子的父母多数都不在文县，而是去外地打工养家糊口，所以孩子们都是租了学校附近的房子把高中读完，有的学生住的地方离

学校要走两个小时。更为严重的是他们还不能理解知识改变命运的道理，有些并不刻苦，常去的地方是网吧。也正是如此，学校老师寄希望于我们，希望我们能带给他们激励。

我们一行人经过两天的颠簸，终于踏上了文县的土地。这里有丰富的小吃和特产，花椒是最常见的，米皮、面皮、火锅、臊子面几乎是这里人最常吃的，吃惯了学校食堂的我们顿时觉得这里的一切都很好吃。

臊子面

接下来就是教书了，本来觉得靠记得的高中知识就可以教，但实际上并没有那么简单，因为我负责的是高二理科实验班的数学，他们的水平和学习的强度并不弱，有时候自己教的东西他们都会，这个就让我很没有成就感，我也终于体验到了做老师的不容易。我开始和其他同学到教师办公室备课，准备下一讲的内容。这样一来，我的准备充分了许多，讲课时也从容了不少，上完课总是会有很多同学来问问题，我突然感觉到这里的学生们并不全像老师说的那样没有上进心。他们渴望知识，渴望能上一个理想的大学，所以他们一直在努力，我仿佛看到了文县的希望。

每天上完课都是最轻松的时候，我们和同学们还有老师一起踢足球，这种生活让我想起了无忧无虑的童年。晚上同学们来我们住的地方聊天、打闹、学习，在城市中疲惫的我们觉得非常放松，并不是那样辛苦。有的同学很晚才回去，我们不放心就和他们一起回去，看看文县美丽的夜景。

十天的支教生活很快就过去了，快走的时候，我们和弟弟妹妹们一起爬山，一起唱歌，一起畅想未来，一起讨论国家大事。现在回想起那段往事，似乎心中总是被快乐、幸福所充溢。临别之际，是那样地依依不舍，有个同学送我们每人一个亲手做的风铃，非常精致。这次支教给了我很深的感触：我带给文县同学知识和信念，文县同学给我留下的是情谊。感谢中国大学生环境教育基地组织的这次活动，它让我们获益匪浅，也体现了我们青春的价值。希望文县能发展得越来越好。

在此之前的 2011 年，我曾随学生服务团去过陕西镇安高中支教，相比文县，那里学生的学习条件更优越。尽管如此，同在祖国西部的两个地方教育水平都很落后，两次去西部支教的经历让我明白，大山里的孩子，他们从不缺乏梦想，然而现实对他们是不公平的。比如交通：文县因没有铁路很难和外界联系，去任何其他地方都要坐很长时间的汽车。还有医疗：作为医学生，在文县却并没有太多机会接触当地的医疗，唯一一次就是一个学生发高烧，当地医生在选择药物时捉襟见肘。但这一切并不能决定什么，追求梦想的文县孩子和更多文县人民，他们生活一定会变得越来越富足。

不仅在文县，实际上中国更多的落后地区需要我们这样的大学生去尽一份微薄的力量。去西部支教，是大学生回报社会的一种方式。文县虽是地震重灾区之一，但当地的人民并未受到太大的影响。他们热情好客，淳朴善良，充满梦想，同时也关心国家每天发生的大小事，议论当前的国际国内形势。当地景色宜人，空气清新，山水相映，每天都能看见蓝天白云。当地的经济在快速发展，有越来越多的人愿意回到家乡投入建设，公路交通在不断发展，我衷心祝愿并期待着文县能有一个美好的未来。

在路上，灵魂和身体一起

王婧超

中国人民大学 2011 级本科生，2012 年志愿者

要么看书要么旅行，灵魂和身体总有一个在路上。而"百人计划"这一行，就是将各种风土人情化作动人的诗篇，将各处大好河山化成美丽的画作，让我一路走一路欣赏，一路走一路收获。这里的景色如同沉睡的少女，风光无与伦比，但安静到你不忍心去打扰。这里的游人从来不多，一处处景色胜地，等待着有心之人去发掘她的魅力。文县天池，最让人迷恋的人间净地。蓝色的水面被游船划开，激起雪白的水花，池底水草随波涛摇摆，每一块水里的沉石都在阳光的照耀下闪闪发光。真的难以相信，它是这样纯净，除了新修的栈道，少有人工开凿的痕迹。我们无法用语言评价这样的景色，但是这份圣洁一定不愧"天池"的称号。在铁楼乡乡政府工作人员的带领下，我们有幸参观了自然保护区，第一次走进原始森林。我们乘坐的汽车蹚过小溪，压过碎石，翻山越岭，终于来到这大自然深处。这里有路的地方就会长满青草，有积水的地方就会挤满蝌蚪，有松树的地方就会挂满长长的松萝。踩在松软的泥

文县民居一隅

土之上，在这清新又夹杂着清香的空气中做着深呼吸，各种婉转的鸟鸣从树梢传来，各种奇异的生物从脚边蹿过，这样踏实而又自然的感受，第一次如此强烈。

这里的风土人情更是淳朴热情，他们不仅会热情招待远方的来客，更会将他们所熟知的事、他们内心的想法，毫无保留地告诉你，让你走在哪里都充满着家的感觉。在文县，从大街小巷的商铺到看门老大爷，从政府工作人员到餐馆服务人员，只要是被采访，他们都会一五一十地诉说。他们爱自己的山水，他们爱自己的文化。虽然文县是国家级贫困县，但他们愿意相信政府及国家的努力，他们期待更加美好的明天。在碧口茶园，支书热情向我们讲解种茶采茶炒茶品茶的过程。他们毫无商业目的，教会我们更多茶文化，只希望我们将这种文化发扬光大。指尖从茶树芽尖滑过，我深吸这茶味的清香，想象经过一道道工序后，茶叶在杯中升腾。

在铁楼乡，白马藏族的孩子们会好奇地簇拥在你的周围，用照相机拍下各种姿势的合影，吵着闹着和你做各种游戏。而白马藏族的老人们也会深情款款地向我们讲述白马文化——特殊而又神圣。白马文化中已有诗歌等内容被列入国家非物质文化遗产。虽然各级政府都在做各种努力，但他们的文化却在一天天退化。由于生活所迫，年轻人都愿在外打工，老人和孩子也慢慢换上了汉服，以种地为生。只有逢年过节他们才会特别庆祝。这样的文化当然需要更多人去了解，更多人去熟知，我们有责任去聆听文化的底蕴，去挽留这古老文明。

"读万卷书不如行万里路。"是百人计划让我深深懂得了这一点，与此同时，我也热切地感受到自己身上的责任。这个世界本不公平，上帝会为你打开一扇明亮的窗，却未必会向你敞开大门。珍惜我所拥有的，用自己的努力去帮助那些需要的人们！

文县印象

许文昌

北京大学 2010 级本科生，2012 年志愿者

志愿者在拓展

从 7 月 18 日到 8 月 2 日，两周的支教实践匆匆过去了，现在回想起来，不禁思绪万千。

汽车从川北翻山越岭来到山清水秀的陇南文县。

我想我忘不了那澄澈明净的天空，也忘不了那波涛汹涌的河水；

忘不了那挺拔雄健的高山，也忘不了那黄艳似火的余晖；

忘不了那蜿蜒曲折的山路，也忘不了那错落有致的楼宇；

忘不了那飞流直下的瀑布，也忘不了那一路相伴的葱翠。

地处南北交接造就了文县的特色食品十分丰富，让人印象深刻。

那入口油腻适中的肉夹馍；

那让人垂涎欲滴的辣椒油；

那白而薄、清爽可口的米皮；

那让人津津有味的小米粥。

还有那些热情的老师和求知若渴的同学。

老师们对本地情况做了详细的叙述；

同学们脸上的表情是那么善良纯朴；

这定是一种缘分让我们在这里相聚；

还有那最后大家一起忘情唱响的歌曲。

当然，还有我们一团三队的成员，大家都很优秀。

善于组织而帅气的队长王瑀琦；

健谈而生龙活虎的师兄李乃乾；

乐于助人、开朗活泼的白云师姐；

健壮而活跃的技术男师兄刘凯；

思维深邃且酷爱动漫的王帅晓；

歌喉不俗、善解人意的朱桐；

善于组织、体贴助人的陈菊婉聪；

英语流利出色的光华女黄嘉怡；

胃口好又乐观的师弟何东旭。

这真是一次获益匪浅、令人难忘的暑期实践，给我留下无数美好的回忆。文县，我爱这片土地，还有这片土地上善良质朴的人们。

文县支教日记

刘　锐

北京大学 2007 级本科生，2012 年志愿者

现为北京大学城市与环境学院人文地理专业二年级研究生

路上推车

文县支教第二天

时间：2012/7/20　天气：阴　地点：广元—文县

今天的主旋律只有一件事儿，坐车！

从广元到文县坐大巴一共 8 个小时，从早上 8 点到晚上 6 点。一路上景色不错，山道的一侧一直沿着白龙湖、白龙江而行，与云南始终在两山夹缝中穿梭的感觉全然不同，崇山峻岭之外多了河流的景观，因此除了有山的险峻，还多了一份水的柔媚。中国的山水画始终是有山有水的，智者乐山仁者乐水；缺了水的山，仅留下的就是聪明人的尖刻，没有了水的包容与大气。

自然界中，地球的外力运动塑造了凹凸不平的地表形态，山脉与低谷就是其杰作；而外力作用的侵蚀搬运堆积则是温柔的手，抚慰这一切，河流就是参与这个过程最主要的力量。时间当然也参与了这个过程，不要说你看不到时间：河漫滩与曲流，一次一次的漫水改道最终才形成了现在的河道，这是时间的脚步；泥石流冲刷出来的山道，一年一年的泥沙洪水才最终形成了这山巅向河谷的泄洪渠，这是时间的烙印；泥沙淤积成的阶地，一层一层的纹理代表了涨水、落水，这是时间的记忆。

也许最能代表整个文县地区的，就是那些灾后重建的建筑了，边上是一堆堆破败的建筑残骸，而在这些残骸中拔地而起的，则是一栋栋新楼。崭新与破旧，重生与消亡，这是涅槃而生的精神，有着倔强与不屈，更有乐观与坚持。

文县支教第四天

时间：2012/7/22　天气：晴　地点：文县一中

马上就要开始支教了，一想到要面对学生，自己心中还是有些小紧张。早上就开始备课，我们住的地方是一个家庭小旅馆，院子里有很多植物，还有一株郁郁葱葱的树。旅馆的主人是个胖胖的和蔼的大婶，每天都来给我们送开水。就是在这个小小的院子里，我们小组的同学一起

备课中

备课，仿佛回到了高考的时光。文县的夏天总是会在夜里下雨，白天又是热辣辣的太阳。每一天清晨推开门，院子里的树都被一场夜雨洗得干干净净，早晨暖暖的阳光照着，空气里有雨后香甜的夏日气息，可以大口大口呼吸；院子里的花草每一片叶子都闪着干净的绿光。在这样的院子里备课，和小伙伴时而聊上几句，时而看看花草，真是身心舒畅。

备了一早上的课，早就饥肠辘辘，掰着手指头，不到 10 分钟就要看看表，期盼着到饭点儿去吃饭。我们的每顿饭都是要在一起吃的，在文县中学的食堂，而且午饭每天都是一定的——臊子面，不许请假，不许迟到！这也许是作为团队的重要体现。当时听到每天中午都要吃臊子面的时候，觉得好惨，毕竟在食堂也没有每天都吃同样的菜。今天是第一次吃，不知道怎么样。12 点到了，终于见识到了传说中的臊子面，不像想象中的味道，面条是挂面，是南方人比较习惯吃的，软软的也很入味。臊子是土豆、豆腐和青椒之类的，汤还是一如既往的很油腻。浇上油辣子和醋，虽然不是大鱼大肉，但也爽口入味。此后，在文县我们吃得最多的就是土豆。文县山地居多，土豆的生长是不挑剔地形的，在石头旮旯里面只要有一捧土就能生根结果。由此你能感受到这个贫困县的艰苦，也能感受到这种艰苦环境中的生命力。

　　吃过饭，慢慢踱回住的地方，甜甜睡个午觉，下午就要去讲课了。中午也常常有同学过来玩，今天中午有个要教地理的师兄过来和我讨论了地理的授课内容。看来无论是谁，无论之前有没有学过要教的课程，一旦要真正面对学生，仍旧把自己定位在了教师的角色上，希望留给这里的学生们最好的印象，让他们感受到北大志愿者的风采和特点。

　　下午，终于走入课堂了。学生们都是很淳朴的，课后两个学生让我给他们留了QQ号，还有两个男生给我唱了歌。当地老师说这些学生现在喜欢唱歌，喜欢流行音乐，也希望我们能够和他们多进行一些快乐的交流。我给他们讲了学习方法，主要还是地理方面的。当地老师还表示，虽然也给学生们讲学习方法，可学生们都不重视，但是我们说过之后，学生们就普遍表示记住了这种方法。同龄人的榜样往往要比老师说教有效果得多。下午的课程其实说学习方法的地方很少，更多的时候是聊人生，聊理想，把大学生的生活、外面的世界描述给他们。

小 镇

宫 瑞

北京大学 2011 级本科生，2012 年志愿者

    这是我上大学以来的第一个暑假，最初选择去报名参加支教的原因很简单，一是想去了解、体验一下贫困地区孩子们的生活，二是和其他志愿者一道把大城市中的见闻带给他们。二十余个小时的奔波之后，终于迎来了这十几个难忘的日子。

    我是二团二队的队员，我们负责的文县四中离县城很远，校长十分热情地到县城迎接我们。去学校要经过几个小时的盘山路，山里的风景都是我从未见过的，所有的景色融为一体，甚至让我不忍心将其定格在四角的束缚中。那种美是直接冲击心灵的，仿佛闭上眼睛都能领略得到。一路上我们穿过绿草和清溪，仰望蓝天和白云。来到四中所在的小镇上，我第一次理解了什么是"小"镇。小镇只有两个路口，相距不过几百米，路口向外延伸又是无尽的盘山路。文县四中在地震之后进行了重建，看起来充满了朝气，也充满了希望。我们的队伍到达文县四中的时候，孩子们已经放假了，但是许多孩子还是不畏旅途的颠簸，从大山

清澈的眼神

的各个角落回到学校听我们上课，因为在他们的眼中，只有好好学习才是离开大山、进入城市的唯一途径。相比城里的孩子，他们少有机会去学弹琴、跳舞、画画，只有通过学习这一种方法才能一步一步考到离城市更近的学校去。

　　本来我们的打算是教授孩子们一些文化课知识，帮助他们解答一些假期作业中的问题，但是从与孩子们最初的交流中我们感觉到，孩子们真正想知道的并不是一道题怎么做，而是外面的世界是什么样子的，于是我们也尽可能地在基本的课程中向他们讲述一些我们的亲身经历。毕竟是七八年级的初中生，他们没有像高中一样那么大的课业负担，在这样一个活泼的年龄，每天只接受那些陈旧的、枯燥的课程对于孩子们来说太辛苦了。在我们的教育体制之下，个人很难彻底地改变人们畸形重视初等教育的现状，我们作为志愿者，只能尽我们的所能，帮助孩子们更好地成长。

　　山里的人们思想很单纯。我们一行人穿着"百人计划"的志愿者服装走在桥头乡唯一一条街上，路旁的人们总会私语几句，过路人也会偶尔驻足。根据我不小心听到的几句对话，我猜测他们是在议论大学生。在他们眼中，大学生是个无比优秀的群体。在山里，人们会把成为一个大学生看作孩子们走出大山改变人生的最好出路，对此我大体上认同。可是在大山之外，机遇多，变数多，出路广，成为一个大学生、硕士生、博士生究竟有多么重要我不得而知。书念得多和人生阅历广之间是存在一定矛盾的，不要用"大学也是社会""做兼职也是工作"等来反驳这句话。我认识很多早早为自己生活打拼的人，他们有我的同学，有我同学的朋友，他们身上具备的素质是独特的。我佩服他们，我想大多数人也佩服他们。而观念上对他们还是不认可者居多，这种排斥不会说出来，但反映在个体身上，就是不敢走他们的路，不敢像他们一样去生活。车到山前必有路，人生需要规划，更需要变化，就像下棋，把自己走死的人通常是算得太远，忽略了棋局的变化。

支教时我们队最喜欢的课程可能就是给孩子们上体育课了。少数几个男生和我在一起打篮球，孩子们光着脚打着破烂不堪的球真是令我一阵心疼。看着他们开心的样子，说不上什么感觉，一是快乐原来可以来得很简单，二是快乐居然可以来得这么简单，前者是欣喜后者是心酸。更多的孩子喜欢打羽毛球和乒乓球，我不是反感男孩子玩这个，只是觉得中国的男孩子喜欢隔着一张网做游戏，像乒乓球、羽毛球。美国的男孩子喜欢隔着衣服做游戏，像篮球、橄榄球。这是否反映出了国家的差异呢？这种差异说不上谁好谁坏，不过对未来性格的培养，我更倾向于后者。

山里的人也很淳朴，淳朴得可爱。一天晚上我心血来潮去买"爽歪歪"，据我猜测这种东西在山里没有多大市场，大多商品都已接近了保质期的末尾，只有少数新进的货。我不习惯买快过期的东西，便想把新的那箱打开。这时一直在和老板攀谈的人问了老板一句："不是有以前的么？"老板笑笑说：让他们买点新鲜的吧。我一阵感动，突然想起了在大乐购超市买牛奶的经历：服务员总会把前几天剩下的牛奶摆到

摘葡萄

外边，新货摆到里边，每当有顾客去里边翻牛奶，服务员便一脸恼怒，
"这外边不是有么？"这种对比令我感慨。

很庆幸被分到文县四中，校长和老师对我们的好我们会永远记得。
在这里有支教的意境——和孩子们翻陡峭的山，喝山沟的水，自己备课
讲课随心所欲的感觉真好；在这里也有意义，孩子们的基础确实很差，
我们很尽力地在帮助他们，孩子们对我们很好，上课很积极，下课更积
极，好多孩子和我们直到现在还保持着联系，收到他们发来的 QQ 消息
依然让我激动。

很庆幸能和这么多优秀的伙伴在一起，一起上了十几天的课，打了
十几天的牌，吃了十几天的饭菜，有一群一起为着同一个目标共同努力
的朋友是多么大的幸事！所以在一起高三高四的，在一起传球的，在一
起弹奏一张谱子的，在一起等着"复活"的人，才是最亲的。朋友不是
嘴上说说，一起经历过才是朋友。

愿桥头乡的孩子们一切都好，走出大山。

愿二团二队永远"二"，永远一起"二"。

青山绿水相逢　清澈温暖人心

周　泉

北京大学 2010 级本科生，2012 年志愿者

去文县支教是我生平第一次踏上西北的土地，其间惊喜有之，感动有之，忧心亦相伴有之，匆匆 15 天的行程，不过是短短的一瞬，但时光却在这里留下了深深的印记，悠远的，绵长的，生生不息地留下了我的成长，我的记忆，我的生命。

作为一个在平原出生的人，我对山有着幼稚而原始的期待，在去文县的路上，途秦川，经蜀道，穿越在崇山峻岭之间，惊喜瞬间淹没了旅途的疲惫。铁路沿河蜿蜒而行，长久的岁月赋予了温婉的水鬼斧神工的魔力，在巍峨的山间开辟出了长长的狭道，间或有一两座屋舍出现在山腰水边，山不断，水悠长，迢迢千里，于我而言，不啻换了人间。

文县，地处陕甘川交接处，群山环绕，交通闭塞，是我初到那里最直接的印象。从最近的广元下火车，我们在大巴上穿行了近 6 个小时的山路才晃晃悠悠地到达文县。交通不便捷、自然灾害多发，造成了这里的贫穷与落后，不过，也正是因为这样，这里才保持了原始天然的风

貌：天蓝水绿，空气里弥漫着真正原野的馨香，蓝天倾洒下最清透的阳光，举目四望，青山迢迢递递，绿意森森，翡色欲滴。这样的文县，初见之下，便让我不由自主地心生好感。

一方水土一方人，有了青山秀水的滋养，文县的人同样灵秀。虽然遭受了重大的灾难，但如果不是某些建筑物上还有"援建"的字样，我们初入之时，已经感觉不到她曾经遭遇过的痛苦，毁灭后重生，生活依旧在继续，那里的人们仍然乐观豁达而满足地过着自己的生活。每天晚上我们上完课回到旅馆时，会经过一个广场，总有许多中年人、老年人在那里锻炼身体、散步闲聊。那种惬意舒适让匆匆过客也深深地感受到了生活之美，尤其在一个劫后余生的城市之中，这种感悟更加深刻，更加令人动容。这个城市的生活节奏是缓慢平静的，他们虽然在物质或者娱乐方面不甚富足，却幸福快乐。在这样一座典型的山区城市，生活空间狭小而闭塞，出入是我所想象不到的艰险，难以想象先民们是怎样来到这里并扎根其上。困难一直存在，从古至今，而生活或者说人类的延续，便是去克服，去战胜，去发展。在文县，不只有生活之美，更有生命之美。

小路上的少年

　　我们所教的孩子只有一个班，在半个月之中，每天下午给他们上四节课。在这半个月之内，我们不知道能给这些孩子带来什么改变，只是希望能够引导他们去思考、去梦想、去认知。教学相长，我们在教授孩子们的时候，自己也获益良多。学生们对我们很友好，我们也很清晰地感受到了他们对知识的渴望，对未来的向往。每天晚上我们开办的小型补习班总是人来人往，他们抓紧每一分钟学习，态度认真执着，令在大学混沌度日的我们汗颜不已。孩子们也总会与我们聊有关大学的事，天真的向往与我们当时如出一辙。这些孩子今年就要参加高考了，希望他们每个人都能完成自己的梦想。与这些清澈纯真的孩子相处，时常带给我们很多的感动，他们会领着我们爬山，有两个孩子还轮流拉着我这个重度恐高患者爬到了山顶；有的孩子邀请我们去他们家做客；最令人感动的是在我们临走时，有一个学生送了我们每人一个名笺，淡雅的藕荷色信纸上写上精心设计的名字；很多很多，现在想来，仍然觉得暖心不已。我们给予他们的其实并不多，但是这些孩子真心的感激令我们既汗颜又感动，这样清澈的孩子，这样温暖的善意……

　　虽然这里的生活令人向往，但就现实而言，如同大多数不发达的县城一样，文县高中有着尴尬而没落的地位，在高考中，它不过是某些集中在大城市的赫赫有名的高中的陪衬，考上一本的学生寥寥可数，至于重点大学更是可望而不可即。教育资源分布的不公平，令这所高中难以考出优秀的成绩，而没有优秀的传统，更多的学生也失去了攀登高峰的动力，如此恶性循环，令人忧心。这些上进努力的孩子会因为他们生长之地的贫瘠而失去和其他孩子站在同一个起跑线上的资格，最终，也许在他成长到某一个阶段时，会排斥和痛恨这个美丽却闭塞的家乡。希望终有一天，支教能够成为历史，每一个孩子都能享受到同样良好的教育资源，能够充分地发展自己，在童年时快乐无忧，在少年时自由地梦想和学习。

　　支教已经过去两年了，不知道今日今时的文县变成了什么样子，我们去的时候还有新楼没有竣工，还在修着马路，现在应该都已经修好了吧，县城更加漂亮了吧。时间向前走，我在向前走，文县也要继续向前走下去。领略了山，欣赏了水，更和一群孩子成了朋友，这次支教，很充实，也很圆满。

文县支教总结

李海生

北京大学 2013 级本科生，2014 年志愿者

第一次了解到支教这项活动，是在初中时，从《读者》杂志上。我依稀记得文章里的主人公，是一对到边远山区支教的大学生情侣，最初他们只是怀着一腔热血，没想到在那里一待就是五六载。而他们之所以克服种种困难，甘愿奉献自己青春年华，是因为村里人每天两个鸡蛋送到宿舍不曾间断，村里的孩子从此也知道，山的外面，不只有山。自从读了那篇文章之后，我一直把支教当成大学生最值得去做的公益活动。我没想到的是，在大学里的第一个暑假，我就践行了初中时的想法，还是在《读者》的故乡甘肃，这是因为人生在书写自己时故意设下的伏笔吗？

前去支教的文县一中，一开始让大部分队员失望了。原因倒不是学校破旧，学生顽劣；正相反，汶川地震后重建的一中硬件堪比城市中学，而学生大部分也是县里最优秀的。进入学校后，我由最初的激动，慢慢有些困惑，甚至开始怀疑这项活动的意义。我对教育这方面感兴趣，也时常留意支教的发展。而这些年原本高尚的支教活动，开始沦

文县一中校区

为各大学风行的暑期实践，大学生去的是示范中学，受到当地官员、校领导的接待，而给学生们上课的时间却不过一周，成了变相的"公款旅游"，浪费了大量资源。我不禁担心自己争取到的支教会变味……

不过从在学校吃的第一顿饭起，我知道果然是瞎操心了。我最欣赏的是我们严格的团队纪律，在北大里散漫久了，大家能如此努力安分守己，实在是令人意外。在备课室里看了十多天一群人埋头苦干的画面，就好像每天的生活正应该如此一样；有时我会觉得，要是将来的某一天再来到这里，大概也会习惯地坐到左边的椅子，拿起草稿画草图。在课堂上，看着台下黑压压的一群脑袋注视着你，你思绪所到之处，便有回答相随，你随意挥洒的知识与灵感，总能得到他们真诚的倾听与欣赏。很多人都在追求自我价值实现的快乐，这种感觉，大概也同他们所向往的一样吧。

说到学生们的高考成绩，与他们的资质相比，实在令人大失所望。最初我们认为，也许是他们没有充分了解到外面的世界，所以对学习并不十分用心。不过随着对他们的了解，我慢慢发现，其实他们并非不知道远方的繁华与精彩，小城的闭塞和宁静，似乎给了这里的居民以安定与满足，大部分学生并不愿付出更多努力去争取，也少有非得努力学习才能实现的目标。当然，目标若是优秀大学，就必须刻苦了。回想起自己的高中生涯，除了在煎熬的高三有过一段为了"远大目标"努力奋斗的时光，大部分时间都是在"学懂"与"杀题"的快感中度过。遥远的星光固然动人心弦，但点点滴滴的收获与满足更能让人持之以恒。所以，若是学生们能从每天的学习中体验到收获的满足，能在短期的努力中体会到成功的喜悦，那么日复一日的学习便会少去许多枯燥，而长期积极学习的效果往往也是优秀学生成功的秘诀。高考后有许多家长曾问起我学习的捷径，他们心里大都等着我给个惊天动地的方法，也大多会对我的回答失望——把当天的功课学明白，日复一日。高中生不能旷课，所以日复一日不难，难的是"明白"二字，懂 60% 是明白，80% 是，90% 也是；日久天长，三者之间便会有天壤之别。有时候不必想明天，今天忙得不去想，大概是对明天最好的展望。

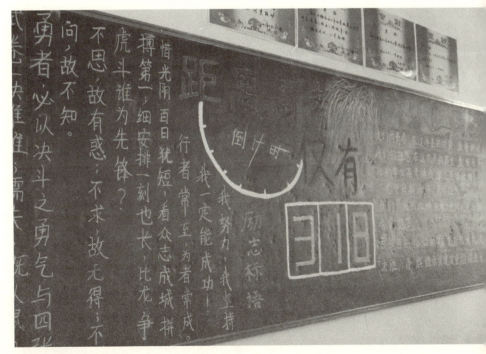

写着高考倒计时的黑板

2014 年暑期"百人计划"志愿者合影

　　这次支教活动我收获颇丰，除了"勾搭"了一大堆小伙伴，生活也有了新的视角。说起印象深刻的几个情景，除了第一堂正课，一次科学简史的讲授，最深刻的莫过于二班的告别。这种感觉，用文字写在这里，大概是青春、理想、感动与幸福，这些原本只会在生命中某一刻出现的微光，突然一下子一起涌入了我的心房，明亮得足以瞥见未来的模样。这或许又是生活设下的一处伏笔吧。

第三章

丁零零，上课啦

支教——希望之路，体悟生活

金　晶

北京林业大学 2011 级本科生，2012 年志愿者

在甘肃省的南端，有这样一个地方：环抱的群山屏退了铁路、工厂的打扰，使之宁静、古朴、与世无争；这里，生活着这样一群孩子：在阡陌间奔跑，在河流里嬉戏。同为"90 后"，他们会默默地帮你收拾好房间，用鲜花装点你的门楣，送你精心制作的小礼物。交通不便为这里留下宁静，也带来闭塞；山上原本繁茂的树木在几年之间被砍伐殆尽，水土流失日益加剧；赖以生存的白水江下游，被无处存放、处理的生活垃圾严重污染。

这里，是甘肃省陇南市文县。闭塞、贫穷、污染形成一条无形的锁链。教育，或许是解开这条锁链唯一的钥匙。

在中国光彩事业基金会的支持下，中国大学生环境教育基地开展"百人计划"活动，每年组织 100 名大学生深入到地震灾区，同时也是国家级贫困县的甘肃省文县进行志愿服务，帮助当地孩子了解群山外日新月异的社会，拓展其视野，并宣传环境保护知识，在孩子们心中树立

生态文明的理念；同时，通过这些志愿服务活动加强大学生对贫困人群的关注程度，提升其社会责任感。

7月18日，怀揣着支教梦想的志愿者们踏上了从北京开往广元的火车，20多个小时的硬座，也不记得是怎样熬过来的了。只记得有游戏，有欢笑，有乘务人员有趣的四川口音，还有对未来10天的憧憬与想象……

20号清晨，我们乘坐的大巴车行驶在蜿蜒于山间的公路上，车子的一边是俊秀的高山，另一边便是汹涌地翻滚前进的江水，文县离我们越来越近。初到文县，便对这儿产生了莫名的亲切感。交通的相对闭塞使得当地人民保持着淳朴的民风，就在小小的几件事情中我们就感受到了当地人的善良以及他们对我们这批支教大学生的热情。尤其令我们感动的是，在第一家小超市里，售货员亲切地建议我们去附近另一家更大货物更全的超市购买物品。而就是在那里，我们碰到了几位文县一中的学生，便带他们一起回到了我们的住处，和他们聊聊天，了解一下他们的情况和想法。

那天晚上的交流让我感触颇深，我仍然清晰地记得一中的孩子们偶遇穿着志愿者服装的我们时那激动兴奋的神情，他们已经听老师提起过我们很多次，一直苦苦地等我们来；仍记得一个黑黑瘦瘦的孩子特别诚恳地跟我们说他干过好多农活，他觉得自己最大的优点就是不怕苦；仍记得他们的高三生活是每晚12点睡觉，第二天五点起床烧饭。我之前从来没有想过这样每天睡五个小时的学习强度，竟然很有可能无法迈进大学的门槛。

在文县学生们的眼里，我们这群志愿者便是他们的希望，能给他们带来外面世界的美好，能改变他们的命运。那一刻，我想要帮助他们的愿望变得前所未有的强烈。我们告诉学生，如果他们有需要，无论是补课还是交谈，晚上都可以到我们的住处来找我们，只有我们与他们更进一步相处才能更好地为他们提供他们真正需要的东西。

第二天，在和校长老师的初步交流后，真正的支教生活开始了。下午我们一行人怀着些许兴奋些许紧张的心情来到学校，走进了提前已经安排好的班级教室。毕竟是第一回当老师，紧张在所难免，相比学生们那样高的期待，我不确定自己究竟能给他们带去多少真正有用的东西。我忐忑地迈进教室的那一刹那，出乎意料地听见雷鸣般的掌声，真的如雷鸣般响亮，热情。我很震撼，我应该对自己有信心，因为他们是那么信任我，不是吗？

短短一个半小时和高三四班同学的相处时间，打乱了我原来为他们梳理知识框架的准备。与他们谈谈各科学习方法、聊聊理想、大学生活，讲述自己高考时的那段经历，时间就很快过去了。我清楚记得，当我一开始问到他们高考的预期成绩与理想的大学时，他们的一脸茫然。或许是对于我的陌生感造成他们一时的拘谨，或许是这个问题太突然以至于他们没有想好如何回答，但我觉得更重要的原因是他们缺乏自信。他们是平行班的孩子，可能真的和实验班有差距，但我告诉他们，人生来是没有差距的，而造成差距的原因就在于后天你是否付出了如同他人一般的努力。因此我让每个人写下了自己的理想，因为目标很重要。放学回到住处，翻阅他们写下的一个个理想，我真的深受感动。只希望他们能在高三一年的时间里，朝着自己的目标，一步步前进。最让我感动的是临下课时班长带头全班唱起《朋友》。是的，短短的一个半小时，我们可能不能教给他们什么，但这一个半小时，却可以使我们成为朋友。课后我留下了自己的联系方式，并说欢迎他们晚上到我们的住处去辅导功课。他们的欣喜让我觉得这是一群天真质朴的孩子，他们充满对学习的渴望，只是没有机会享受到与同龄城市孩子相同的教育资源。

晚上又有一批孩子过来了。院子里、房间里一下子热闹了起来，一群群的孩子怀着对知识的渴望，听着我们这些"小老师"的教导。直到9：30，我们才送走最后一批。下午两节课、晚上2个多小时，我们的嗓子都出现了不同程度的沙哑，但是我们都觉得很快乐。

学生走后，"小老师们"开始备课或是三三两两地交流讨论教学经验方法，由于师资力量的不足以及与外界信息接触较少，这里的学生英语基础都相对薄弱，平均分只能在70分左右（满分150分）。但通过科学的方法就能使他们的英语成绩有很大的突破，为此我们决定在他们的英语方面多花些心思，例如每天早上早读时带着电脑去给他们放英语听力，以及为他们提高词汇量提供科学的记忆方法等。

支教的生活就这样疲惫而充实：一日三餐，上午备课，下午上课，晚上继续辅导孩子们学习。晚上来我们小院子的孩子越来越多，虽然这样高强度的上课微有些累，但每当我看到他们清澈而真诚的眼神时，便打起了十二分精神。

我爱上了这里的生活，愿意去更加细致地备课，愿意为明天课上的表演而和其他几个老师一起努力地练习舞蹈 Nobody，给大家带去欢乐；愿意思考应该怎样激励他们；愿意让这里的孩子透过我们的眼睛看到外面更精彩的世界。在这里我们是受欢迎的，看到我们，村民们的脸上全是笑容。工作得到了他们的支持，我们非常满足。

在闲暇的时候我和同学聊天。在和他们的交谈中，我的心情是略带沉重的。他们中的大多数，在初中时成绩都是比较好的，而进入高中后，由于对于新的知识体系、学习方法不适应，再加上高一高二有些荒废学业，成绩也就一点点下降了，并逐渐丧失了对学习的兴趣和对自己的信心。当谈及明年的高考，很多人只是无奈地摇摇头——虽然他们身上背负着父辈们的希望，虽然他们很想考上大学，走出去看一看，但在他们面前现实很残酷，加倍的努力却总是事倍功半，或者说当看到不认识几个单词的英语试卷时大部分人选择了放弃。此时的我，一时语塞，似乎找不出更好的话语让他们树立起信心，只能说出"坚持、努力、不后悔就好"等苍白的语句。这个班级的凝聚力不是很强，有些人已经失去了学习的动力与兴趣。我告诉班长，没有人想学，那就从他做起，带头努力，调动起整个班级的学习氛围，我发自内心地相信他们一定可以通过努力在高考时收获一个满意的成绩。他也坚定地点了点头。

带了这么多天平行班，我深深地感觉到这些"普通"的孩子的苦恼——由于成绩不及实验班同学理想，得不到老师的重视，继而成绩继续下落，如此不断的打击，直至最后失去对高考的希望。他们最需要的，可能是来自老师、来自朋友的一点关爱。我们支教的志愿者，可能能教会他们的东西不多，但我觉得最重要的其实是通过我们每个人之口，传递给他们一种信念，让他们重新树立对学习的兴趣，对高考、对未来的希望。

时间过得很快，转眼间就是我们的最后一节课了，和孩子们在一起的最后一刻是欢乐的，但更多的是不舍。一首《相亲相爱一家人》让"小老师"们流下了感动的泪水，十多天的相处已经让我们的心在一起了。紧紧抱着几个哭泣不止的学生，手里拿着他们写给我的小纸条，我觉得这次支教我的收获要远远大于我的付出，是文县一中的孩子们让我们收获了一份如此宝贵的友谊；因为同样的目的，带着同样的心情，我在这里结识了一群志同道合的朋友；让我们明白当代大学生肩上的重担，清楚地认识到当今的中国仍存在诸多问题，还有很多很多像文县这样的地方交通不便，信息闭塞，需要社会的关注；还有很多很多文县一中这样的孩子对自己的将来十分迷茫。我们没有理由再去谈享乐，没有理由再去奢侈和浪费，在如此优越的生活条件下，我们要努力地丰富自己、强大自己，希望能在不久的将来，有实力去援助那些被生活所困、那些在实现自己梦想的路上充满坎坷的人。

我们乘坐的大巴车在清晨六点将要离开文县，当我们睡眼惺忪地整理着行李准备走出住处时，却发现一中的孩子们早已等在那里了。天色还未亮，我却能清晰地感受到学生们恋恋不舍的心情。要上车了，眼泪依旧顽强地没有掉下来，现在我竟然觉得有些后悔了。客车缓缓地开动了，看着窗外路灯下他们的身影，挥挥手，再见了……再见，孩子们；再见，文县一中。虽然条件艰苦，但只要能给你们带去一些知识，一点方法，一丝对未来的期许，这于我来说便足够了。

我很幸运参与了这次支教，虽然很苦，虽然很累，可是我依然乐在其中，因为我成长了，我收获了，满怀着累累精神硕果，我回来了，但是实践的精神会依然教导我，无论是在以后的学习和生活中，我都会以全新的角度审视一切，珍惜所拥有的。

课堂进行时

热烈的英语课

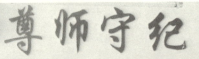

孩子们的翅膀

许文昌

北京大学 2010 级本科生，2012 年志愿者

来到文县的第四天，天气和昨天一样还是多云，空中的云白得像孩子们纯朴的心灵那样一尘不染；白云之上是蔚蓝的天空，这种蔚蓝是在北京难以见到的；学校北边的山高高地耸立着，透过窗去只能看到萦绕在山间的白云。

哈！又是一个明媚的早晨，我的心情也随着这天气明朗起来。简单洗漱过后，我们一行十人像往常一样在 8：20 在宾馆门口集合，一起赶往学校。同往常一样，我们大都选择了一份浇上辣椒油和调料汤的米皮作为早餐，香喷喷的米皮再配上煮鸡蛋、包子、花卷、清粥，简单却丰盛。

上午我们一团三队队员在一起玩了桌游，大家都玩得很开心。如同往常一样，中午我们又来到宾馆附近的小饭馆聚餐。

饭后回到宾馆，我没有午休，而是坐在床边的椅子上，透过窗户看外边的山。此时正是正午，天上的白云少了些，明媚的阳光洒遍了远近

的山峰，山上的输电塔也清晰可见。在平原上我是可以经常见到这些的，但此时我却觉得那远处的输电塔就像根火柴棒似的，从一座山延伸到远处，连绵不绝。空中不时飞过一群小鸟，但据目测，应该是还没有达到半山腰的高度。

下午，我带高二 11 班两节课。和往常一样，我带着水杯和一本数学笔记走上了讲台，当然今天我还带了额外的东西——相机。

我迈着轻快的步子走上讲台，这里的同学热情洋溢，教室中响起一阵热烈的掌声。和昨天一样，我首先简单地做了自我介绍，随后找班长要了一份名单点名，顺便了解大家。第一节课我给他们讲了自己的经历，详细地叙述了我考上北大的心路历程。我说："我和在座的大家一样，都是出生在农村，父母文化水平不高，但是我心中有自己的理想，我相信通过自己的努力，最初的理想一定能够实现；你们虽然现在的生活条件比较困难，但是只要我们有对未来生活的美好憧憬，凭借各位同学勤劳的双手和智慧的大脑，以后一定能够过上美好的生活。"随后我又给他们讲了一些数学中有趣的东西，希望能够引发他们对数学的兴趣，比如我讲的勾股定理的几种证明，同学们听得很入神。

第二节课，我给同学们准备了一些有趣的数学故事，但是同学们更愿意让我讲一些大学生活。我就对他们细细地道出了大学生活的丰富多彩，在大学里可以参加各种社团：比如爱心社的关注打工子弟的活动让我感受到了这些城市的建设者以及他们子女生活的不易；比如徒步与定向协会的穿越库布齐沙漠让我从内心感受到大自然的博大与广阔，人类必须依附自然生存，得有一颗敬畏和感恩的心。

到了最后二十分钟的提问环节，有同学请我唱一支歌，我借着手机的伴奏，轻声唱起张韶涵的《隐形的翅膀》——每一次都在徘徊孤单中坚强……伴着这动人的旋律，大家也跟着我唱了起来。曲终，我跟大家说，在遇到困难时，要想到这首歌曲，要相信，生命中还是有很多美好的东西。遇到困难时求助父母同学，不要一直埋在心里——困难只是暂时的，不经历风雨，如何见得了彩虹呢？

时间过得太快了，叮！叮！叮！下课铃响了，为了以后还能看到可爱的同学们，我让同学们聚到一起，相机"咔"的一声，将同学们的笑脸定格在那一瞬间。我依依不舍地离开了教室。

又是一个黄昏来临，山峰由远及近暗了下来，我坐在窗边，耳边不时传来窗外孩子们的嬉戏声，他们欢快地跳着跑着，我静静地思考着书写着，记录下这天所发生的点点滴滴。明天又会是一个美好而有意义的一天，一定是的……

认真的同学们

环坐讨论

梦想的力量

何东旭

北京大学 2011 级本科生，2012 年志愿者

文县的早上空气清新，气候宜人，朦胧的睡意渐渐被晨风吹醒。抬头看向面前那座似乎近在咫尺的山，缭绕在山间的云烟好似它们披着的一条厚厚的围脖，又如同害羞的姑娘用来遮挡面部的洁净面纱。今天平凡又不平凡，相同的早晨，但要上不相同的课。

吃完午饭，我们又回到宾馆做短暂休息，准备下午的课程。休息时，我一直在思考今天要讲的内容。第一次课，我了解到同学们的英语基础十分薄弱，甚至对英语有畏惧感。为了提高同学们对英语的兴趣，在前面几次课中，我给7班同学复习了音标，教3班和4班同学唱英语歌。但是和同伴交流后，我觉得单纯教英语知识还不够，我们能够现身说法，用自己的经历鼓舞他们的士气，提升他们的自信，况且我是最后一个和高二理科平行5班交流的老师，总结一下很有必要。想了一想，我眼前一亮，可以借鉴一下高一时上的心理健康课。心中酝酿了一下上课的流程后，我马上起床把想法写在纸上，跃跃欲试。

2点一到，我们便顶着阳光、忍着炎热，向校园进发。我眯着眼望向天空，山间的云雾早已消散，蔚蓝的天空中只有一轮光球放射着热毒的光，云朵被晒得懒洋洋的。走进高二5班教室，同学们用热烈的掌声欢迎我。简单的自我介绍后，我先让同学们回顾了前几天支教的学长学姐们讲的内容。让我欣慰的是，他们将支教老师的名字和讲课内容记得清清楚楚。

这次课，我给同学们准备了几轮游戏。第一轮游戏，我让他们每个人拿出一张纸，用最工整的字迹写上姓名，然后在纸的左侧写上自己的基本信息。接着，我要每位同学在纸的左边写上自己的优点或特长。他们边写我边看，有的同学不知道写什么，我就提醒他们：会上树的同学可以把上树写进去，因为相对于我，上树就是一项特长。有几个男生抓耳挠腮、左顾右盼，迟迟写不出什么。我就上前鼓励：每个人都有优点，现在没想到就多想一会儿。写好之后，我请一位男生和一位女生大声朗读了各自的内容，并报以热烈的掌声。然后，我要同学们把自己的纸交给两位好朋友，让他们在纸的右侧分别写上自己的优缺点并署名；由于该班是文理分科后新组成的，有的同学还没有熟悉的朋友，我就允许只交给一个好友写。自我评价和他人评价后，我要同学们根据纸上两边的内容，用一小段话作自我总结。总结中，很多同学都表示，这让他们重新充分地认识了自己，发掘了自己未知的优点和缺点。

第二轮游戏，我让同学们在原来的纸上写上自己的至少五个目标，也可以写那些曾经留存在心中的不切实际的目标。我一说完，同学们便迫不及待地写起来。我浏览了大家写的内容，发现他们的目标大都与学习有关——有的想进入年级前多少名，有的想考进两个实验班，有的想考个一本高校……目标虽朴实，却深深触动了我。我想，学习习惯的养成非一日之功，而某种学习方法也不一定适合所有人，所以尽量用目标法鼓舞士气、提升自信。于是，我分享了自己的经历——高一时，我的短期目标是获得数学竞赛省一等奖或者进省队，中期目标是进入清华大学或北京大学，长期目标是当一名医生或者建筑师，长远目标是环游世界。我通过自己的刻苦努力达到了前两个目标，而现在向自己的专业和长期目标也进了一步。最后，我希望大家能够时常拿出这张纸，一方面看看自己有没有实现目标，一方面激励自己不畏艰难、勇往直前。

第三轮游戏，我想让同学们发挥想象力，用一段话描述一下30岁的自己。为此，我特意给了他们很长一段时间。写完之后，我选了几段我印象最深刻的话读给全班听——一个同学写道：30岁的我成为一名日夜守卫祖国边疆的军人，每天除了训练，还要学习文化知识；另一个写道：30岁的我是国防部的干部，每天要研究高科技武器，下班后和妻子去接孩子，吃过午饭后一家三口去散步，过着幸福的日子。

我身边几乎没有人想当军人，想站在祖国边防线的最前线。这里的孩子虽然成绩远比不上城里的孩子，但他们的心那么善良、火热，情感那么纯洁、真挚，祖国占据着他们的一方心田。和他们交流时，不仅仅是我在鼓励他们，其实我也在向他们学习，感受他们的纯真和热情。今天的课结束了，我也不奢求这堂课能给他们带来很大的影响，只是希望能够唤醒他们心中对梦想的渴望，希望他们能走出这片大山。

志愿者集体备课

附近学校来旁听的中学生

上课进行时

孩子们的需要

吴一鸣

北京大学 2009 级本科生，2012 年志愿者

去文县支教的事情已经过去一段时间了，这是一次难忘的经历，值得我们每一个人珍惜与回味。在这里，我们结交了一群同甘共苦的好朋友，认识了一大群有着明亮眼睛的可爱的孩子。来到这里，我们收获了一份份情谊，而不仅仅是单方面传授知识和做人的道理。虽然一路走来，我们经历了水土不服的考验，撑过了简陋的居住条件，但上课的日子我们一起度过，一起克服困难，再辛苦也要把课上好，把要教的知识教给这些孩子。文县这次不虚此行，一切的苦和累都值得！

我这次主要是教文县一中高一年级的生物课，虽然他们还没有在课上正式学习过生物这门课程，但是我希望通过我的讲解能让他们对生物有一定的了解并且对这门学科产生兴趣，这样对于今后的学习会有很大的帮助。在教学中我发现他们有很强的求知欲，上课时每个人都是那样聚精会神，这使我非常感动。由于每个人在课上的时间有限，所以在课

下我会给那些对生物非常感兴趣的同学单独辅导，介绍他们想了解的内容。当然在教学中我也发现了这些大山中的孩子知识储备太少，比如在讲人类进化时，我想通过电影《指环王》引出霍比特人，但是大部分人没有听说过这个电影；在我试图通过美国的三大工程引出人类基因组计划时，他们很多人也很困惑。后来我通过私下聊天了解到，他们对于外界的认知只是通过电视和课本，课外书都很少，更不要提互联网了。虽然我希望在这有限的时间里向他们传授更多的知识，但是那毕竟是有限的。后来回北京后我还和一些关系比较好的同学有书信来往，我希望在以后的生活中还能为他们答疑解惑。

　　这次支教是我第一次这么全面地接触大山中孩子们的生活，这次经历让我看到了他们生活中的很多不易，我的感触很深。这次支教让我感到，光靠书本的教育是远远不够的，不提高这些孩子的知识储量就无法实现教育的提升。我希望以后也能多参加一些这样的活动，为这些孩子做出力所能及的贡献。

收集同学们感兴趣的话题

新型教学

支教八日谈

王 波
北京大学 2011 级本科生，2012 年志愿者

2012 年 7 月 22 日 晴 星期日

支教第一天。

我们支教的对象是文县一中高三实验 1 班，里面的学生应该说都是文县一中的佼佼者。我们早上随小队到达一中，其中一部分人去教室听课；我被分配了生物科目，但是没有班级在上生物课，于是我去老师办公室找了任教 1 班的生物老师，和她交流一下生物所需的教学计划。

从老师那里，我了解到这是生物新课标第一届，因此老师的教学也是在摸索阶段，我们交流了这里和我的高中生物教学的经验。老师还指出，新课标注重从实验来理解生物的各种原理，但由于缺少素材，很难讲清楚；同时学生对于生物的重视不够，不愿去记忆，因此总体的生物学习效果并不理想。最后，我们商议决定我重点讲有关遗传和变异以及几个生物工程的部分。

下午我们小队就开始和学生接触。我们发现虽然是实验班，但是他们的生物基础却并不是很好，很多知识点都掌握不太好。不过他们

都很热衷于学习我们的学习方法，因此我们在这个方面花了很多的时间。他们提出的各种有关复习和学习的问题，我们都一一做了解答。

在第一天的接触中，我自己还是有些许紧张，不能很好地放开去讲，但是随着学生们积极提问，我渐渐也找回感觉，和他们讲一些大学生活的趣事。

2012年7月23日　阴　星期一

支教第二天。

我们用一间空教室将学生分成三大区，我们小队的三人分别牵头生物、英语、物理小组，进行小组内交流讨论。

我准备了遗传图谱，具体分析了一些典型的遗传图谱例子，展示了一些遗传类的题目的解题方法，孩子们都表现出强烈的兴趣。然后我扩展开讲了一些复习的方法，以变异为例，从基因突变、染色体结构变异、染色体数目变异这三个大类逐步拓展到各个细致的小类，向他们展示了将知识展开成一个网络进行系统记忆的方法。

然后我就从一些例子出发，拓展了比较有意思的遗传的特例，以扩展他们的知识面。后来他们问了我几个问题，不过我并没有能当场解决，在晚上，我通过网络搜集了信息，找到了答案。

今天的教学比较顺利，学生表现出比较强的兴趣。由于是小组教学，学生表现比第一天活跃，乐意参与到讨论交流中，不像第一天我们需要自己讲一下午，感觉还是不错的。

2012年7月24日　晴　星期二

支教第三天。

考虑到昨天教学中的相关问题，我找到几个关于划线分离法和涂布平板分离法的视频用于下午的教学。在上午，我还准备了关于孟德尔遗传实验的专题。

下午教学时，我先解决了昨天遗留的问题，然后给他们放了搜集到的视频，他们很认真地学习了实验步骤。我在放视频的过程中给他们讲解每一步的作用，加深他们对于这些只能在书本上看到的实验的理解。然后我就孟德尔的实验向他们讲了其实验的优点和结论的分析，以加强理解。今天课后，同学们主动提出一些书本上不懂的章节，这也便于我的备课。

　　总体看，今天的互动比前两天好，交流多于说教，而且视频这一教学方式也是很不错的，可以加强学生理解。由于当地实验条件限制，老师很难在教学中加入实验，但是利用视频进行讲解可以起到同样的作用，明天的课可以做得更加吸引人。

　　2012 年 7 月 25 日　晴　星期三

　　支教第四天。

　　早上去了文县的一个公园，好像是叫江南公园，大家在里面摆各种姿势拍照，算是第一次游玩文县吧。之后回到宾馆，我准备了细胞呼吸和光合作用的课，还下载了一个植物组织培养的视频，供课上看。

　　下午上课的时候，我改变了以往上课习惯，不是自己一个人直接讲课，而是用题目来启发他们。因此我利用细胞呼吸和光合作用的图像，让他们自己分析图像，从中找出不理解的地方然后进行讨论。同学们很积极地讨论，我让大家说出自己的想法，并相互补充，在综合完大家的想法后，我总结了其中对的地方，并纠正了错误的。最后在临近结束的时候，我给大家放了实验视频。

　　今天的课令我感触较大，我感觉讲课应该有很强的互动，而不是个人的独自表演，不能只是老师的讲解，还需要学生自己去讨论、去思考、去总结。虽然只讲了几道题，但是收到的效果很不错；关键不是讲的题目多少，而是看学生懂了多少。

　　2012 年 7 月 26 日　晴　星期四

　　支教第五天。

　　今天沿袭昨天的方式，我早上准备了遗传的题目。下午，我让大家练习我准备的题目，一边做一边讨论，让同学们自己得出结论，而我只是在一旁对不是很正确的地方做一些补充。

通过这种方式，他们有足够的时间来进行思考，同时也达到了我的目的：让他们自己学会思考这些题目。我认为学习的要点不仅仅是学到的知识，更是学会如何自己思考，所以我希望通过这种训练，让他们在这方面可以有所提高。

晚上，有一些学生主动来我们住的宾馆请教，我们在房间和院子里招待了大家，并耐心解答他们的问题，感觉我们的支教还是很有意义的。

2012年7月27日　晴　星期五

支教第六天。

今天早上备课，我选了基因分离和自由组合定律的题目，选择标准是题目给的信息是他们课上和作业中不会出现的一些场景，让大家学会自己去分析情景。

下午上课时，和昨天一样以做题和讲题为主。在课上我补充讲解了植物性状表现时间的问题，希望能为他们拓展知识面，顺便多了解这些可能在考试中出现的场景。虽然我反复讲了很多遍，但是还是有人不太懂，不过总算还是有几个学生明白我讲解的意思。总体而言已经不错了，毕竟这一部分还是比较难的。

晚上，依旧有学生到宾馆来问问题，同学们还是很好学的。

2012年7月28日　晴　星期六

支教第七天。

今天还是晴天，这里的晴天很热，因此白天在学校和宾馆之间来往还是很考验人的。我决定继续讲遗传部分，但是复习用书上的题目比较少，而且书上的题目已经利用得差不多了，因此我就去网上搜了一些题目，用于下午的教学。

下午的时候，因为是自己找的题目，还得把题目抄到黑板上，我提早去了教室抄写题目。今天着重讲了稳定遗传的题目，不过这部分较难理解，因此反复讲了好多遍，只讲了两道题目就下课了。

我觉得这样的教学效果更好，学生可以有足够时间思考，可以更好地理解；而且我所选的题目能够给他们足够的视野和想象空间，对他们的高考还是很有帮助的。

2012年7月29日 晴 星期日

支教第八天。

昨天一下课就接到通知说 29 号的课就是最后一节课；也就是说，今天要上最后一节课了，那么这节课的主题当然就是告别。我还是准备了一道题目，讲完这道题目，我的生物课就要这么结束了。

今天的课上得格外慢。虽然只是一道题目，但是我们花了整整一节课的时间才讲完，由于是最后一节课，我便让学生自己上去讲，让他们尝试去做一次老师，用他们自己的方式让所有人都听明白，这未尝不是一种有效的教学方式。

第二节课，我们把两个班并在一起，教大家唱《燕园情》。同学们都很高兴，他们很喜欢这首歌，他们也唱歌送给我们，最后我们和全班合了影。

晚上，学生们自发来到我们的宾馆，大家一起去公园散步，谈天。听到他们讲，很多同学在高三毕业后就不会再继续读大学了，要开始走向社会，我们内心还是有一些触动。如果有同样的条件，其实他们也许会比我们走得更远。

2012年7月30日 晴 星期一

离别的日子总是来得快，今天早晨 6 点多发车，天还不是很亮，但是来了很多学生给我们送别。两周的时间不长，但足以让人不忍离去。

看着随着车子驶远，他们挥着手渐渐变小的身影，让我想起前一天给同学们留下的一句话——生活就像是烟花，总是要在合适的时候绽放出最美的花火。希望这些可爱的人儿会在自己的人生之路上顺利前行！

1. 大家一起锻炼身体

2. 志愿者们交流

苹果与半只鸡的故事

付 炜

北京大学 2007 级硕士，2009 年志愿者

3月21日是星期六，我们早就策划了的家访得以成行。之前我们听说过很多山里的孩子为了到下面的镇上上学，每周末都要走几十公里的山路往返。听到这些，我不由得很佩服他们求学的勇气：在小学的时候，我家离学校不到五十米，两分钟可以走到。与此同时，我们的好奇心也被激起，不知道是谁提议大家周末的时候一起走一段山路，陪同学们感受一下进山的辛苦。正好大家都有同样的想法，于是在周六的上午，我们就出发了。

我们班的同学听说我要进山，都围上来要和我一起走。进山的路上同学们七嘴八舌地告诉我：张嫣上午没有来上课。我问为什么，同学们也没有回答上来。正好我们要路过她的家，所以我在进山的路上可以顺便去探望她。

一会儿的工夫就到了张嫣家，她可能在家里就看见我过来了，然后赶紧迎了出来。我一看就知道她是生病了，本来很活泼的小脸上没有什么血

1. 志愿者付炜正在上课

2. 这样的路走了三个小时

山的那一边，还是山

色，头发也没有梳理，一副很憔悴的样子。她一看见我就很高兴地围上来问："老师，你要去哪里？到我们家吃午饭吧。"我说："不行，我要进山里面去，要到山里面的同学家访，你没有看见还有两个老师和我们一起么？我回来的时候再过来玩吧！"好说歹说，张嫣就不勉强我了，只是再三嘱咐我，明天下山的时候一定要到她家里来，她妈妈会给我做好吃的。

接着我们就进山了，刚开始的时候路还可以，虽然不是很宽并且石头很多，但走路不会感到很困难。走了大概有十公里以后，山路就消失了，剩下的只是羊肠小道，而且很多地方的坡度有五六十度的样子。作为老师，我们路上本来应该照顾好学生，但是此刻我已经上气不接下气了。好多同学看见我这种状态，都马上转换了角色，有的上来要帮我背书包，其余的都在七嘴八舌："老师你快点啊，你被我们远远甩在后面了。"还有的取笑我："老师，要不我们背你上去吧。"而此时的我已经顾不上和他们说话，只是满头大汗地跟着他们走在队伍的最后面，有气无力地提醒他们注意安全。

志愿者走在孩子们回家的山路上

　　到了山顶，也就到了孩子们的家。村子里大多都是土坯房，好多地方还留着地震造成的断壁残垣。一个叫张梅的学生把我请进她家里，然后马上开始烧水。我又开始佩服学生们的自理能力，白天的时候家长都不在家，孩子们饿着肚子走完十几公里的山路，还要回家自己做饭吃。想到这里，我的鼻子开始发酸，于是赶紧背过身去望天，不想让眼泪被孩子看见。

　　"老师，吃苹果。"清脆的声音从身后传出来。我转过身，张梅手里端着一个盘子，里面装着五个皱巴巴的苹果。刚开始我没有动，先招呼别人吃，首先是张梅的弟弟，一个八岁的小男孩。

　　这几天生活虽然艰苦点，但是我们还是可以买到水果。我观察了很久却没有发现这里有果树，这些苹果肯定是从山外搬进来的。出乎我的意料，小男孩很懂事地摆手说不要，并且赶紧走了出去。我这才明白苹果在这里的分量，八九岁的年纪，本来是应该无所顾忌，看见自己想要的就不管别人去要的年龄。而他却是这种反应，多么懂事的孩子！他没有像城里同龄人一样的成长环境，却有自己这个年纪也许并不该有的懂事。想到这里，我不想浪费孩子们的心意，拿起一个苹果吃了起来。虽然味道不是很好，却是我吃过的所有苹果中意义最为重大的一个。接着我的另一个同伴也吃了一个。直到我们离开，再也没有人动剩下的三个苹果。

志愿者到孩子家里家访

　　回到住处已经是晚上七点，草草吃完午饭就上床休息。睁眼的时候已经是第二天将近中午时分，同伴们都没有叫醒我。洗漱完毕，张嫣打来电话，开口就问："付老师你什么时候到我家？昨天我家还剩下来半只鸡我让我妈留着呢，等着你来我们把它炖了。"听到这里，我赶紧说让她自己吃，我下午有急事实在不能过去了。好孩子，那可能是妈妈因为你生病而特意杀掉的一只鸡，本来是给你补生病的身体的。你却想到留给我。后来因为忙，我再没有去过她的家里，但是所有的这些事情一直记在我的心里。

　　几个星期的教学生涯一晃就过去了，回京已有数日，但是时至今日我还是被许多事情感动着。昨天下午一个人发呆，又想起这样一幅场景：课堂上，孩子们很活跃，维持纪律有点吃力，于是我就问他们：你们原来老师上课你们也是这样么？同学们都很诚实地摇头。我就开玩笑说了一句：哦，原来你们是欺负新老师是吗？孩子们立刻安静下来，上课得以顺利进行。下课以后，一个红衣服小女孩追着走了老远对我说：老师，不是我们欺负你，是因为原来的老师总是拿着教鞭上课，我们都很害怕。在 2007 年大学毕业后，我又重新踏上陇上大地，与之前的求学不同，这次我看见的是孩子们一双双灵动的眼睛，物质的匮乏并没有掩盖他们的自信和聪颖。希望我们用汗水和努力给孩子们带来激情和理想，给他们以前行的力量。

一起成长——暑期甘肃支教之旅

蔡梦雪

北京林业大学 2011 级本科生，2012 年志愿者

在北京的酷暑中终于迎来了作为大学生的第一个暑假，同时，也迎来了我即将进行的第一次社会实践。希望通过这次实践，能让山区的学生了解到大山以外的世界，能凭借我们"过来人"的身份给他们介绍一些学习方法和考试经验，能让某些迷茫的学生重拾学习动力，找到拼搏方向。

作为一名曾经的高中生，我们不难发现，由于社会经济文化的飞速发展，外界的诱惑日益增多，如今的学生厌学情绪空前高涨，这点在高中生中最为常见。在去文县之前，我们了解到这儿的学生身处大山之中，虽然对外面的世界特别向往，但是由于教学质量不高加上家长观念的影响，许多学生早早便决定好高中毕业后就出去打工，为家庭减轻负担；再加上文县一中历年高考成绩表明普通班的学生的升学率基本为零，于是大部分普通班的学生早已抱着"破罐子破摔"的想法，自暴自弃。所以，我们一行人来这儿的首要任务，就是要将这种自暴自弃的思

想从他们骨子里根除。

　　刚到文县，便接到大雨蓝色预警，支教计划只能延迟，我们正好趁这个机会和校长商讨方案。起初，校长的想法是只让我们在每个下午教实验班，普通班的学生则在家里自行学习，但是我们觉得，如此不是使学生间的差距更加大了么？更何况处于青春期的学生最容易产生逆反心理，这样只会使他们的厌学情绪更深，岂不是违背了我们的初衷？所以，在我们的强烈要求之下，校长终于答应了我们走进普通班的请求。

　　第一天站在讲台上时，除了激动之外，更多的是紧张。不久前还只是一名普通学生的我现在却被 60 个孩子称为"老师"，我不由得产生一种害怕误人子弟的担忧，而且我作为一个理科爱好者，最终却被派来教已有三年未接触过的地理，虽然做好了充分的准备，但心里多少都有些没底，于是当时便得到了一个"腼腆的小蔡老师"的称号。所幸的是孩子们都十分热情和善解人意，在他们笑容的感染下，我很快抛却胆怯，进入了老师的状态。其实整个下午讲的知识点并不多，大部分时间都在和学生们的情感交流中度过。经过这一个下午，我意识到，我们是为了给孩子们带来信心、动力和好的学习方法才来的，所以我们一定不能有任何的负面情绪，以免影响到他们。既然选择来支教，就得坚持下去，坚持就是胜利。但我很快意识到，这是一种被动接受的状态，我想起了自己的初衷：做一次有意义的实践。我对自己说：虽然现实并没想象中那么轻松，但是我必须尽自己的所能去教育和关怀学生，更重要的是给他们一些思想上的改变及升华，让他们深切体会到师生之间、朋友之间那种平凡又真切的温情。因此，接下来的九天里，我始终热情地对待我的工作，对待我的学生，对待我自己的心灵，这个算是实践中我学会的第一点：责任感。

　　教学计划一直在有条不紊地进行着，除了每天下午的正常上课之外，我们二团三队的成员组织了晚间补课，和自发前来的学生进行学习、情感、心理等方面的交流，希望能给这群可爱的孩子带来更多的帮助。7 月 30 号，教学计划的最后一天，也是最难以忘怀的一天。这天下午，我们不再和往常一样讲课，而是组织了一次班级大联欢，我们唱歌、跳舞、玩游戏，将一切烦恼与压力都抛在脑后，再也没有了学生与老师之分，有的只是朋友间的不舍与相惜。最后，此次教学计划在全体师生合唱的一曲《相亲相爱的一家人》中落下帷幕，大家都流下了不舍的泪水。十天的相处，在我们之间建立了深厚的感情：友谊。

很多有趣和感人的往事依然历历在目，例如岳周峰和我交谈时，那懂事又害羞的表情；潘慧在旅馆的庭院中真诚地诉说自己的家境与父母的不易；一群学生扯着我硬要我表演欢快的舞蹈；凌晨 4 点学生便等在旅馆门口送我们上车；抱着我哭个不停，说"小蔡老师，一定不要忘记我"的张萌……这一切，让我想起来都觉得温暖和幸福，因为我有一群可爱、懂事的学生，有一群团结、有爱的队友；如此，便不枉此行。

在这次实践中，我们在教育学生的同时，也获得了许多。

一方面，我们锻炼了自己的能力，在实践中成长，在实践中学习，在实践中充实了自我，增强了口头表达以及与人交流的能力。真正地走出课堂，使自己陶醉在喜悦之中。虽然有时会很累，但更多的感觉是我在成长，我在有意义地成长。在这之后，我明显地发现自己变开朗了，虽然我自己的力量不足以改变一些东西，但如果整个社会共同努力，这才是动力之根本、动力之源泉，是国家繁荣富强的途径。

另一方面，我意识到了自己的不足：缺乏经验，缺乏与人交流交往的能力；有些事情以前没有尝试过，难免会出差错；长此以往以后很有可能在社会上没有立足之地。现在的社会不仅要有知识，还要拥有一些应变能力等综合素质，只靠在学校汲取知识远远不够，从现在开始，我就要培养自己的能力。

最后，我想说的是，万事开头难，但是只要有一定的信念并坚持自己的信念，用心去为人处世，不轻言放弃，我们会发现，拒绝退场的结果令人惊艳。

我们，一起成长。

志愿者们讨论课程

命运，自己掌握

李逢春

北京大学 2009 级本科生，2012 年志愿者

人生中第一次支教的经历，不仅仅满足了我开阔视野的愿望，也让我的心灵受到了不小的震撼。

离开广元，沿着白龙江往上游走，我惊叹于山河之秀丽，长期居住于城市的我们难以想象如此清澈峻峭的河山，沿途处处是景，令人赏心悦目。大巴沿着崎岖蜿蜒的山路前行，进入甘肃省境内，白龙江的海拔越来越高，山势愈加险峻，河流更加湍急，山上的树木也越来越少。穷山恶水阻碍了当地发展的道路，路边出现的一个个破旧小村庄显示出此地的贫穷。经过 6 个小时的长途跋涉，我们到达了目的地甘肃文县。

第一次与孩子们接触是在下午的课堂中，没有想象中孩子们应有的对暑假补课的厌烦，他们热情地欢迎了我们，仔细地倾听我们的讲述。与小时候的自己不同，孩子们与我们这些陌生的"小老师"之间几乎没有距离，"熊哥、大姐、刀哥"，这些亲切的称呼让我们感觉格外温暖。

深入接触后，我们才了解到他们之中大多数人的家都不在县城——县城的学生家庭条件大多较好，家长们都费尽心思把自己的孩子送到大城市中读书；而家庭条件较差的他们只能独自一人在学校附近租个房子，每天自己买菜、做饭、洗衣服。学校食堂每顿 4 元左右的饭菜对于他们来说都是一种负担。这时候我才突然感觉自己以前所过的生活是一种怎样的幸福，同时又有一种深深的无奈。

面容有些消瘦的孩子们，脸上不时洋溢着灿烂的笑容，可谁又明白他们所承受的是一种怎样的压力？也许明天起床就要接到家里不堪重负要求他们辍学打工的电话，自己所梦想的生活是那样遥不可及，生活中充斥着无奈，太多的人选择了沉默。

我们这些"外来人"，能带来的又有什么呢？记得一个老师说，短短的十天，只希望能让孩子们懂得"读书"是最好的出路。我们只能尽自己所能讲述自己的观念，灌输自己的想法，更准确地说是引导。我们无力多做些什么，只是希望他们未来能够少走弯路。吴一鸣同学在最后的聚会上所说的一句话令我感触很深："不管未来如何，希望你们能够过得快乐，找到自己真正想做的事情。"生活的压力让他们与我们生活在不同的环境中，但快乐是一种心境，但愿他们可以得到真正的幸福。高考是一个门槛，迈不过去的占多数，只希望他们能用汗水开创出自己的未来。

孩子们同时也是多才多艺的，仍记得在临别聚会上精彩的街舞表演，旅馆楼下的歌曲对唱，篮球场上飞驰的身影，这些无不令人难以忘怀。

或许他们现在并不出彩，或许他们现在过得不如大多数人，但是，谁又能阻挡梦想的力量？真心为你们祝福，可爱的孩子们，你们的未来，掌握在你们自己手中。

认真上课的孩子们

志愿者与当地师生一起探讨学习计划

那年夏天，我们相遇在大山

程媛媛

北京大学 2010 级本科生，2012 年志愿者

2012 年的夏天很热，但文县一行却给这个炎热的假期增添了许多清凉。

跋山涉水忆相逢

那是 2012 年的 7 月，经过 20 多小时的火车劳顿和 8 小时的汽车颠簸，穿行于群山大江间，我们一队人终于来到了盘旋在脑海中无数次的文县。这是我第一次走进甘肃，走进文县，走进大山深处的文县一中。对于我这样一个从小生活在沿海地区的人来说，文县带给我的震撼无疑是巨大的。群山环抱中，汶川地震的痕迹依稀可辨，灾后重建的工程仍有一些正在进行中，在傍晚柔和的阳光中，我们与历经沧桑的文县开始了为期半个月的邂逅。

一曲高歌念相识

在旅馆安顿好后，我们很快就投入了紧张而有序的支教生活。支教的第一天我被安排讲授高二平行班的文科数学，这是我第一次以老师的身份站上讲台。一进教室门口，同学们热烈的掌声使我紧张的心情放松了不少。在两节课的时间里，我与同学们互相了解对方，交流学习感悟和学习方法，根据同学们的需求为他们介绍大山外面的精彩世界。同学们都非常感兴趣，听得也很认真，并积极参与到了与我的互动中。一位藏族的同学还给大家高歌了一曲藏族歌曲，将课堂气氛推至了顶峰。不知不觉间两节课的时间就过去了，很多同学下了课还围着我探讨学习过程。听着孩子们敞开心扉给我讲述自己学习生活中的困惑，我感到自己正慢慢地融入文县一中的学习氛围中来。

接下来的日子，由于一位师姐因故与我交换了课程，我便负责高二实验班的语文。据说这是文县一中实验班中的实验班，一年后即将冲刺高考，所以刚接这个班的课程时我感到压力不小，提前向他们的老师了解了一下情况，并借来了参考书进行了精心的备课。经过几天的接触，我与孩子们彼此间建立了信任，除了问我语文的问题外，他们还问我数学、英语等其他学科的问题，更有很多孩子向我咨询高考复习方略、心理调整、专业选择等较宏观的问题。可以感受得到，这群孩子都非常刻苦，对高考很重视，对大山外面的世界充满憧憬，我结合自己的经历和所见所闻，对他们进行了积极的引导和鼓励。

到了晚上，我们一团一队的同学还在所住的旅馆给孩子们提供课程辅导和心理咨询。四方的院子坐满了孩子，看着他们勤奋求学的身影，志愿者都非常感动，除了尽力为孩子们答疑解难外，我们还给大家提供了自煮的茶叶蛋、自买的零食等。

不知不觉间就到了给孩子们上课的最后一天，我结合同学们这段时间问得最多的作文问题，给孩子们上了一节作文专题，从选材、立意、文采、素材、组织等方面详细讲述了我的作文心得和高考阅卷的标准。

最后这节课，我们还教大家演唱《燕园情》，孩子们集体起立为我们献上了一首《送别》，唱到最后我们都泣不成声。虽然只有两周的相处，但我们和孩子们建立了深厚的友谊。

依依不舍话离别

离开文县前的最后一天晚上，很多同学来到旅馆为我们送行。女孩子依依不舍地拉着我的手，男同学围在一边，和我说："你们来了虽然不到半月，但我们感觉和你们很亲，都不舍得你们走""很多不愿意和老师说的话，我们都愿意和你们分享，而且你们说得比我们老师更贴心""明年暑假你们再来吧"……听着孩子们亲切的话语，我感到很欣慰。在这次支教前，我还在犹豫，为期两周的支教真的能给孩子们和一方的教育带来一些积极的影响吗？会不会反而打扰了他们，妨碍了他们本身的教学进度？经过此次支教，我感到自己的顾虑是多余的。至少我们为大山深处的孩子们带去了山外的精彩和发自内心的激励。

离开文县的那个清晨，天尚未亮，本来已经千叮万嘱同学们不要早起来送我们了，但是仍有不少同学早早地就等在了大巴车旁，为我们送上最后的离别祝福。大巴车开动的那一瞬间，看着孩子们含着泪向我们挥手，忽然之间我泪水决堤，不能自抑……

后话

半个月的支教生活虽然结束了，但是我与孩子们的联系并没有断。很多孩子常常给我 QQ 留言、发短信甚至打电话，与我探讨学习生活中的困惑，特别是那些要升入高三的孩子。一年后的 6 月，他们高考，那几天我与他们一样紧张，在北京为他们遥送祝福。很多孩子如愿考上了大学，从大山深处走向了全国各地，听到他们的喜讯，我真心为他们高兴。每个山区的孩子都有一个走出大山看世界的梦，真心希望他们都能好梦成真！

一团一队的队员合影

支教感想——公益是心与心之间的催化剂

郭俊谷

北京林业大学 2011 级本科生，2014 年志愿者

七月的文县烈日当头，正如我们初到时的高涨热情。阔别两年重到此处，我的心里隐隐要比其他人多一丝沧桑感。记忆中狭小而老旧的文县一中如今已搬到了新校区，宽阔的绿茵场，敞亮的教室，并排的宿舍楼，简直今非昔比。感慨之下我不禁好奇，新环境下的一中学子们是否还是像印象中那样热情淳朴，抑或会多一分更加蓬勃的朝气与喷发的活力？想到马上又可以认识一群朋友般的学生，我就和大家一样抑制不住心底的兴奋和激动。

我负责的是两个文科班和一个理科班的英语。虽说有过上次教英语的经验，但这次我放弃了备课轻松的轮班制，压力骤升。要知道英语在这里是最冷门的科目，和他们的交流中我也深感他们学英语的痛苦简直"水深火热"。有时刚进教室还没开口就被劈头一顿警告：老师，千万别讲英语，不然我们可都要跑了的啊！还好事先料到会如此，我的第一节课并非上来就讲具体内容，而是铺垫式地扯段子套近乎拉

关系，同时"无痛"地渗透学好英语的重要性等理论。这样一来，想办法让他们对我先有了好感，他们对英语的感觉自然也"爱屋及乌"地开始升温。

而接下来的具体教学任务就开始棘手了。时间仓促而问题严重，到底该怎么利用每个班仅有的几节课最大程度改善他们的英语学习状态？具体的知识是讲不完的，而且用传统的方法去讲一定不会有"好下场"。理论和方法这套东西又泛又滥且因人而异，也不如讲点有用的来得实际。同时最好几节课之间又应该是成系统，而不是想到什么讲什么，讲了后面忘前面……这是真是一个艰巨的挑战，至今我也只是用最大努力做出了尝试，但是否真的在他们每个人心中埋下了一颗"英语梦"的种子，只有上天和时间才知道了。经过折中我决定"授之以渔"并兼顾"授之以鱼"，每节课力求通过具体的内容上升到"道"的层次。语法的"道"在于作为核心和变化基础的五个基本句式可以引申出从句和其他语法现象，于是我便引导同学们循序渐进地将一个简单句扩充成复杂句来感受语法知识的来龙去脉；单词的"道"在于语境和关联，于是我"胡编"了一场文县举办的世界杯足球赛把课本上所有体育相关单词和表达有机地串在一起；应试技巧的"道"在于能力是最强大的技巧，所谓技巧不是如何投机取巧，而是如何借考试从根本上提高能力，从而以不变应万变。掌握了一篇阅读的结构、内容、单词，语法庖丁解牛般熟练，先求质再求量，出头之日指日可待。沿着这个思路，我把英语学习里的重点——语法、单词、考试技巧都纲举目张而非蜻蜓点水地过了一遍。

虽然备足了"干货"，可一到讲正课的时候仍然免不了"收获"一个个迷离眼神。有时一看场面快要失控了，我只得厚着脸皮使出下下策："要不唱首英文歌吧。"突然全体同学一下子聚精会神起来。后来干脆顺水推舟把唱的歌用做阅读的思路分析了一遍，倒也反应良好。我总结出的道理就是，学生不爱吃胡萝卜的话，把胡萝卜榨成胡萝卜汁也许就容易接受了，而老师的角色恰就是一台榨汁机。

认真听课的孩子们

    学生每天从早到晚上课，休息时间非常有限。即便如此，每天中午，依然有几个女生坚持来找我读单词。我总爱调侃她们的文县口音，笑她们 l 和 n 傻傻分不清楚。然而我怎么纠正都纠正不过来，弄得我急火攻心，干脆给一个孩子起了个意思不雅却和本名发音高度相似的英文名 smelly（难闻的），以帮助小伙伴改正发音。这一招果然大受欢迎，玩笑中大家竟也就慢慢把音发准了，而我只得感慨教学有时也需要一点创意。

    我习惯让同学们每节课上完后用一张纸条写下对这节课的反馈，让课代表收起来交给我。后来事实证明这是一个极其重要的环节。我可以了解到自己上课的不足，如声音不够大，板书有些小等等，还有对于课堂内容学生觉得哪里好，哪里想了解更多……这些都让我在备课的时候更加有针对性，教学的质量也在稳步提高。不过小纸条上，更多的是同学们的谈天侃地：有感慨自己"帅得无法形容"的，有说自己唯一的特长就是脸特长的，有问十二圆桌骑士的故事是否真有其事的，有炫耀自己看完了原版《老人与海》的，有烦恼单词从来都记不住的，有发誓好好学英语有一天要超过我的。他们的率真和淳朴让我开怀之余亦为之动容。因此，一个可以交流和表达的平台，对于维持学生的积极性和主动性非常必要。

最开心的还是课余带大家唱歌、跳舞、玩游戏，跟他们学文具方言……脑海里回放着的这一幕幕"无节操"的画面，竟能同时戳中笑点和泪点。时不时有热情的学生送零食请吃饭，更是对我们付出的超值回报。他们的热情善良，他们的感恩爱戴，反过来给我上了宝贵的一课。

这两次支教经历，让我相信公益真的是心与心之间的催化剂，它能把擦肩而过的相遇在一瞬间升华成弥足珍贵的缘分。短短的一个多星期，我们收获了欢笑和汗水，收获了梦想和感动，带着满满的回忆，我们彼此在青春的平凡之路上且行且珍惜。

支教心得

徐　昊

北京大学 2013 级本科生，2014 年志愿者

"夜空中最亮的那颗星，能否听清，那仰望的人，心底的孤独和叹息……"徜徉在北大的校园里，仰望星空，常常会想起那些在文县仰望星空的夜。

文县处于甘川陕三省交界处，嘉陵江的支流流过山间，冲击出狭长的谷地，一座小小的县城就坐落于此。地处群山之中，这里没有铁路，从北京来到文县支教，我们先乘火车来到广元，再转汽车至文县。我曾坐车走过东北冬季积雪覆盖的山路，一度认为那已是我见过最危险的道路了。而从广元至文县的一路上，公路顺山势向前延伸，河水在山崖下奔流。七八月正是当地雨水最为充沛的季节，路上经常可见山冲下来的土石以及一些被冲毁的路段。尽管一路艰辛，但当地校方周到的接待，尤其是同学们的热情马上感染了我们，我们也迅速调整状态，竭尽自己的努力将自己的心得体会介绍给同学们。

由于时间有限，讲授具体的知识点，同学们收获有限，所以我们此

行主要是向大家介绍自己的学习方法，并将自己的经历介绍给大家。我负责三个文科班的英语课程，同时晚自习的时候也附带为同学们讲一些数学的内容。这是我第一次登上讲台为别人授课，虽然没有紧张，但心里真的很怕讲不好辜负了同学们的期待。支教期间，我在三个班级有两个循环。在第一轮的教学中，通过与学生交谈、收纸条等方式，我了解到学生在英语上的困难主要集中在单词、阅读和写作等方面，因此在第一轮课程中介绍过单词的记忆方法后，从这一轮课程开始，我将主要为小组负责的三个文科班介绍英语阅读理解的解题方法，并以两篇高考真题为例，帮助学生们体会这些方法。

我在高二（15）班的时间最长，对这个班的印象也相对深。同学们的学习积极性和课堂纪律的确较我们刚来有了很大提高，不过在晚自习的时候仍需要维持纪律，也就是说有的同学仍然没有认识到现在时间的紧迫。这些同学也许根本就没有想过要好好学习，那么我们不论讲多少励志的故事也是无济于事的。因此，与其希望帮助班级的所有同学，不如选择那些积极好学的同学重点关注。

给予让人幸福，我觉得这是所有志愿者来到这里的原因。来到这里后，我感受到，我们不仅在向同学们提供帮助，文县一中的孩子们反过来也给了我们很多感触。高二（15）班的李永录是给我印象最深的一位同学。身残志坚的例子有很多，但出现在我身边的，这是第一个。身患肌肉萎缩症的李永录同学不仅走路需要借助拐杖，而且手指蜷缩，拿笔都很困难。就是这样的同学仍然坐在教室里为高考努力，那我们这些身体健全的志愿者还有什么理由抱怨日常生活中的种种？见贤思齐，见不贤则要内省。个别班其实是我看到的成绩最差、又最不思进取的群体，但静下来反思下自己，是不是也曾有过堕落不思进取的时候？优秀可以成为习惯，放纵堕落同样会让人上瘾，既然体悟到以往的不谏，那么在来日就当努力，不要让别人无力，更不要让自己失望。

1. 收到孩子们的礼物

2. 与孩子们的合影

第四章

你牵着我的手，很舒服

那山 那水 那人 那段回忆
——甘肃文县支教感受

胡宏祥

北京大学 2009 级本科生，2012 年志愿者

8月1日，我们组离开了支教地文县，想到今后也许不会再踏上这片土地，我不禁开始回首这段历程，数点着自己留下的那些足迹……

在正式加入"百人计划"前，北大有过一次面试。当我被问及对这次活动有什么期待时，我说希望着这会是一个互相帮助的过程。每每谈到志愿活动，我总会不经意间想起一位资深志愿者说过的话——你收获的远比你给予的要多。这次的文县支教活动，我相信自己能带给他们带去很多有用的学习经验，给他们以鼓励劝导。至于我，我会有什么改变吗？我是否能从中体验到那种从未尝试过的责任？

我等待着答案。

7月18日，我坐上火车，开始了这段未知的行程。

在中间站广元小住一晚，20日我们驱车来到了目的地——文县。这里四周环山，一条白水江静静地从远方来，又流淌到远方去。文县不

大，景色朴素、自然，让我有一种淡淡的熟悉与亲切感。而支教学校文县一中则要比我想象中漂亮得多，那些经典的高中教室，那些曾经奋斗过的地方，那些同样努力前行的人们，历历在目，让我兴奋。

讲课的过程是充实且快乐的。令我惊讶的是，他们实验班的学生要比曾经的我们来得刻苦，晚睡早起、争分夺秒。大多数学生都是自己在县城里租房子住，所以早早就学会了怎样一个人去生活，而从平常的谈话聊天中也不难发现，他们要比普通的高中生成熟得多。为了能最大程度地教给他们有用的东西，我和同伴每天上午都会去教师办公室准备讲课内容，并不断地依据他们的需要更换授课方式。我不敢说在 10 天左右的支教生活中，他们从我们这儿获得的有多少多少，但起码我们自己在这方面上真的是尽了最大的努力。

在学习生活之外，同学们每天也都会来我们住的地方跟我们侃天侃地，在这些时刻，我们与他们、他们与我们，谁都不会去特别在意自己的身份，大家像普通朋友那样闲聊，彼此开玩笑。起初同学们都是三三两两地找我们询问学习上的问题，来了几次后大家就随意多了，他们开始跟我们讲一些当地学生真正的困难之处，闲暇之余还能边吃西瓜边谈自己的喜好。当得知志愿者中有一个广东人后，大家争着要学地道的粤语，因为男生们都很喜欢粤语歌，哼起来有模有样。这样的晚上总是不太安分，楼下其他组的志愿者和他们班的学生也偶尔会大声合唱。我们不知几时起开始向他们邀起了歌，你方未唱罢，我方便迫不及待要登场，我们比的是欢乐，比的是奔放。

除了晚上的闲聊，我们经常会在课后一起打打篮球，不过在体力上当地同学占据了绝对优势。课后的操场总是特别热闹，我心想着自己曾经也是这么尽情地在校园里奔跑着，于是我也就能更轻松地面对他们的笑脸。

就这样接触了一段时间后，同学们主动提出要带我们去爬山。一班的二三十个人再加上我们几个，一个"颇具规模"的队伍在傍晚时分出发了。亭中小歌，互相逗弄，我们一边赏景一边诉说着自己的故事。他们不再是一个个求学之人，绰号、糗事以及各种八卦很自然地在谈笑中张扬出来，我们也在互相的玩闹中窘态百出……我知道自己曾被认为是他们遥不可及的梦，不知道这梦能否在这短短的十几天内变得真实，变得不再那么富于传奇与光彩。而对于经验匮乏、资历浅薄的我，他们正如我想的那样，帮助我在支教的路上一直走下去，教会我发现另一个自己，并开始对其有了信心。

在临近支教结束的某一个晚上，我送一个同学（母启明）回家时顺便在他租住的房子里待了一段时间。在与他的聊天中，我有了很大的触动。他聪明，懂礼貌，明白如何去生活并一直简简单单地刻苦学习，我觉得他可能或理应在今后的考试、升学中取得好结果，可是这样的公平却难以在现实中得到体现。实际上在平时和他的闲谈中，我都能发现他们使用的教材和参考书在种类与质量上都存在着一定的不足，他也承认，当作其他省的考试试卷时总会有些题他们根本都不知道该如何思考。而从他口中我也得知，在县里最大的一家书店里销售的参考书都很少，这可能是由于当地与外面的交通不太方便，加上有能力购买参考书的也只有少数同学。我答应过他会向带队老师反映一下。借此机会，我非常希望，如果还能有机会到那里或其他类似的地方支教，组织者也许可以采取一些能最大化帮助他们的措施，比如带些高质量的参考书，这可能比我们十天内对他们学习上的帮助来得更长远也更深刻。

原定 31 号的返京时间最后提前到了 30 号，结束 29 号下午的课程后，我们小组到超市买了几百元的零食，准备最后一节课让他们轻松一下。连续 9 天一直被我们强迫地灌输着我们认为有用的知识，他们早已显得疲倦，相比之下，他们更想走近我们的大学生活，毕竟那是他们一直憧憬着的目标。北大，已经成为一个"神秘"的符号，也许这将是他们揭开这个面纱最后的机会，于是我们准备好好地将自己已经生活了 3 年的北大呈现给他们。29 号的课在一阵阵骚动中结束了，我们最后集体合唱了一首《燕园情》，送给充满梦想的他们，送给书生意气的我们，送给这里的山、这里的水、这里留下的回忆。

后记：当我一年之后重新看这篇文字时，那时的感觉还真实地存在着。离开文县之后，我们一起凑了些钱买了一小包参考书邮寄了过去，也不知他们收到了没有。当我在教师节时收到来自他们的短信，有点惊讶与欣喜。时间一点点过去，我们之间的联系也慢慢变少，我明白那十来天对彼此都只是一个短暂的插曲，也许今后终不会再见一面。世事常如此，我不应苛求太多，只要每当看见这些回忆后还能轻舒一口气，那时快乐便好。

深深的鞠躬

北京大学 2006 级本科生，2009 年志愿者

前两天跟以前的同学打电话，他问我去支教感觉怎么样，我想了想说："第一穷，第二落后。"他接着说是不是觉得看到他们想到了我们小时候的样子，这一句话惊醒了我，确实，他说得很确切，这些孩子们现在的生活跟我上小学时的情况惊人相似，也就是说，他们要比我们那中部的贫困地区还要落后十多年。

离结束不到十天的时候，因为拗不过三年级的小孩，就去给他们班上课。孩子们很兴奋，可能是我们没有他们的老师那么严厉，也可能是孩子们想知道我们和他们有什么不同。没几天我让他们写自我介绍，顺便连电话号码也写上，说我隔天收。我说每人拿一张纸，上面写上叫什么名字，在哪里上学，家里有多少人，家庭生活怎么样，还有就是自己长大了想干什么。隔天后，我去收他们写的东西，说实话我很震惊。大部分孩子都用的是纸条，不到半张的纸条来写的。全班 28 个孩子，就只有一个孩子用的是一整张纸，甚至有个孩子用的是旧书的封皮

横丹小分队的志愿者在送孩子们回家的路上

来写的。我一开始以为他们怎么也会从作业本上撕下来一页来写，真的没想到他们会拿纸条来写。也可能是我的失误，我没有准备好稿纸，看着孩子们拿着大小不一的自我介绍我心里很不是滋味。可是他们仍然很高兴地说，老师我叠成三角形给你，老师我叠成星星给你。还有的孩子拿着不知道从哪里找来的已经用过的信封，用涂改液改掉，写着汪老师收……这是他们所珍惜的，所爱惜的，因为重视，他们才会用那些已经用过的信封把要写的东西装起来。

到了晚上，看着一堆大小不一的纸条，我哭了。我哭得很无力，因为不知道我能给孩子们做什么，能给孩子们带来什么。一个叫董佳瑞的小女孩在自我介绍中写到，她家里的东西有的是借人家的，有的是自己家的，还说很喜欢北京来的大学生。她很喜欢问东问西，问北京有多大，问天安门在哪儿，问外面是什么样子的……看着她清澈的眼神，我无言面对。

横丹小分队的志愿者周末走访横丹小学赵家坝教学点

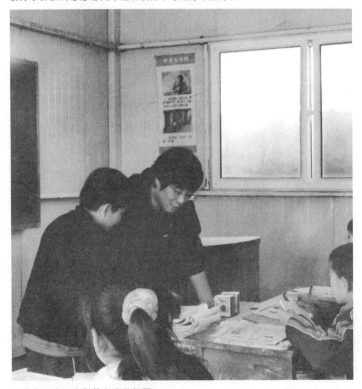

志愿者汪杰正在解答学生的问题

从那时起，我心里就有个喊声，把他们带出来吧，把他们带出来吧！但是我知道自己做不到，很无奈。

最后一天是文艺表演，我先去横丹小学把要表演的孩子找齐，正好又碰见这个小女孩。

她问：老师你还回来么？

我说：回来，我还得把这些五年级的送回来。

她说：我等你回来。

我说：别等了，等我把他们送回来都五点半了，你回家就晚了。

她说：没事的，我妈妈不会怪我回家晚的。

接着我就被初一的学生拉过去了，他们说：老师，最后了给我们讲点什么吧，我说：还能讲什么？他们说：那我们给你唱个歌吧，一首周华健的《朋友》！我没跟着唱，因为我怕我唱不好，结束时我鞠躬时弯腰很深，我怕他们看见我又哭了。

横丹小学五年级的课堂上

　　曾经我对自己说过，无论怎么样都不要哭，可是在文县我却无声地哭了很多次，无声，怕他们笑话我。回到北京了，我总是不能忘怀，看着他们的照片，又是无声地哭了。大概孩子们是这种落后最无辜的受害者，可能，他们的未来或是他们的孩子，他们的孩子的未来，也许都会陷在这里。

　　我可能没有能力改变什么，但是我会祝福，祝福他们，一个美好的未来，我会希望，希望有一天这一切都能改变。

心系灾区，情暖元宵

——2010 年 3 月元宵节活动

摘自北京大学新闻网

　　2 月 28 日，农历正月十五，来自北京大学城市与环境学院、数学科学学院、艺术学院、历史学系等院系的志愿者们组成"百人计划"新学期第一期志愿服务团队与甘肃文县尚德镇的部分中小学生和家长共度了我国传统节日——元宵佳节。

　　志愿者们于 2 月 22 日出发，历经 30 多个小时火车硬座和 8 小时汽车的长途跋涉后，终于抵达文县。一到文县，他们就入住尚德镇中心小学和马泉村等多个山区教学点。在未来的几周中，志愿者们将承担 500 余名孩子英语、数学等部分课程的教学任务，并开设环境教育课堂。志愿者们除在学校授课外还将为部分需要特殊关怀和帮扶的同学提供针对性的辅导，以为当地学校，尤其是远处深山的教学点提供教育援助。志愿者们还将开展县域水资源调研、白水江流域保护生物多样性主题图片展、环保电影展映等活动，并结合专业特点和项目开展半年多来积累的第一手资料为当地的城乡建设、污染治理、经济发展等方面提供智力支援。

　　他们把在文县的志愿服务当成是自己在第二课堂中珍贵的一课，把寒假与亲人团聚的时间献给灾区的孩子们。志愿者们吃住都与当地老乡在一起，全方位地感受着灾后重建过程中的生产生活，也给当地的孩子们带来了来自燕园的温暖。这一刻，志愿者们都把自己当成"文县人"。今年的元宵节恰逢周日，志愿者们和灾区的老乡及孩子们一起包饺子吃元宵，开展了一系列联谊活动，一起欢度元宵。

　　当天早晨，志愿者陈佳就前往十几公里外的文县县城"买菜"，其他志愿者把尚德小学的活动板房教室板房打扫得干干净净，简单又温馨，简陋的活动板房中充满了节日的气氛。随后，老乡和孩子们陆陆续续结伴而来，一张张纯朴可爱的面孔中流露出欣喜和好奇。众人拾柴火焰高，和面、擀皮、填馅、捏合、搓团……在一阵阵欢笑声中，一个个形态各异的饺子和不规则圆形的汤圆很快做好了。这些凝结了志愿者和老乡、孩子们共同劳动的结晶增添了这个传统佳节的节日氛围，也给志愿者和孩子们留下了共同的美好回忆。

　　"汤圆好吃，饺子也好吃，你们大老远地跑过来帮助这些孩子们，真是感谢你们了……"家住文县尚德镇尚德村65岁的李奶奶紧紧握住了志愿者刘婧宇的手，十分激动地说。"这是我第一次自己做汤圆包饺子，包得漂亮吧！"来自五年级的李曼琳同学十分骄傲地举着自己包的一个饺子告诉来自城市与环境学院大二的志愿者肖霄；"我觉得自己做的饺子特别好吃，以前的饺子都没有自己做的好吃，谢谢北大来的哥哥姐姐们！"来自四年级的李子萌同学兴奋地说道。一顿简单的饺子汤圆宴，就在温馨而愉快的氛围中慢慢进行着，在孩子们一张张可爱而又充满朝气的脸庞的映衬下，新年里的阳光显得格外灿烂。志愿者吴国治表示，从孩子们身上看到了灾区新的希望。在尚德家家户户的门上都贴着春联，房檐上都挂满了灯笼，处处显示着灾区群众对新生活的期盼和向往。志愿者们坚信，灾区人民的生活也会越来越好。

　　能让大山里的孩子和大山外面的孩子一样拥有良好的教育资源，

让孩子们学有所成、建设家乡是项目每一个支持者和参与者的共同心愿。亲情暖元宵，爱心系尚德。志愿者们也坚信，一定可以通过持续不断的努力为文县灾区的发展以及文县的灾后重建工作作出积极的贡献。

共青团北京大学委员会

北京大学城市与环境学院

中国大学生环境教育基地

2010 年 3 月 1 日

那山，那人，那次支教

黄昱之

北京大学 2009 级本科生，2012 年志愿者

在一个安静的周末接到了"百人计划"项目的约稿电话，意外之余颇有些欣喜和激动，不过放下电话后转瞬陷入了回忆之中，思绪也随之被拉到了一年半以前的暑假。时光流逝，光阴荏苒，不知不觉文县之行已经是陈年旧事了，回想支教生活，一切历历在目，才发现与孩子们短暂的相识竟会让自己如此不舍，虽然并非真正的永别，但总有一种不能相见的悲伤。

在去往文县的车上，同行的一位北京"土著"不断地问我文县这样的县城到底是什么样的，大城市出生的他对"县"是没有概念的，而我在解释的同时看着窗外那越来越稀薄的绿色，内心也没来由地有一丝担忧——在那里我们该不会变成苦行僧一样的存在吧？初到文县，映入眼中的是美邦的专卖店，望着眼前这条充斥着商业气息的街道，内心没来由地松了口气——至少可以当"假行僧"了。也就是从这一刻起，我知道老师将成为我的另一重身份，也是又一份责任；但是我所不知道的

是，我面对的将会是我再也忘不了的牵挂。

在支教期间，我教过三个班，两个准高三的文科普通班，一个准高二的理科实验班。第一次上课的场景至今仍印象深刻：那是高二15班，在教室门外我深吸一口气，努力让自己进门后不会犯口吃，可是扑面而来那热烈的掌声让我直接一口气就做完了自我介绍，快到不但学生没听清楚，就连我自己都不知道我到底说了些什么。课后那些学生笑我太紧张了，我也只能报以嘿嘿一笑。在为时不长的课堂教学中，我付出着，努力着，收获着，感动着，恨不得把我高中所学在这短短的几堂课内一股脑地灌输给每一个学生，希望能够做到"传道授业解惑"。在教学过程中，我有过失望，他们基础实在很差，连书本上最基础的知识都是一知半解；有过感动，孩子们纯朴的眼神里充满少年的执着和认真，对知识的渴望以及对理想的追求；也有过对自己的担心，担心自己的备课不够认真仔细，担心不能为学生们解决困惑，不过幸好教学效果还是不错的。

在课堂上我是老师，他们是学生，我为他们答疑解难。其他时间，我和他们都是差不多大的孩子，我们一起聊天，一起爬山，一起打球，一起在文县的各个角落留下我们的印迹，一起见证我们的友情一步一步地变得醇厚浓香。

几乎每天晚上，学生们都会在晚饭过后来到我们住的房间，美其名曰请教问题，其实也就是一群半大的孩子在一起交流罢了。刚开始大家都是很拘谨的，他们就像课堂上的学生一样规规矩矩，问的也都是一些学习上的疑惑，而我们也像古代的夫子一样（当然学识上肯定不及夫子万一）正襟危坐，耐心地回答问题。同学们就在旁边静静地听着，就连呼吸都是轻轻柔柔的。但大家年龄差别也不大，"90后"所谓的"两年一代沟"定律在这时候突然成了伪定律，老师和学生的身份更不知道被遗忘到哪个角落了，大家索性就天南海北地开始聊了起来，由高中的学习到大学的生活，由当地的风土人情到各自家乡的人文风貌等等，时不时夹杂着大家的欢笑，真是好一幅其乐融融的画面。而时间也就在这轻松愉悦的气氛中悄然逝去，直到某位同伴突然瞄了一眼手机发现时间已经不早了，孩子们才意犹未尽地离去，并相约明日继续，就仿佛阔别已久的好友，内心有千般言语万种思绪都想说给对方听。

在文县的那些天天气一直是不错的，没有风沙没有雾霾，空气也是湿润的，就是阳光毒了一些，不过放学以后还是能看到不少男生顶着火辣辣的阳光在球场上厮杀，这勾起了我们沉寂许久的运动细胞。"音乐无国界"，而篮球更是没有国界的，虽然刚开始的时候大家更偏向于和自己认识的同伴配合，可是一番拼杀过后，在相互对抗的过程中人与人之间的距离和陌生感荡然无存，大家开始像个"Team"一样精诚合作。在这里不得不夸赞下文县一中学生的身体素质，让我这样运动多年的老手都是"羡慕嫉妒恨"，不过略微有些遗憾的就是在球场上学生们有些放不开，或许是担心我们受伤吧，出现了不少放水行为，这也算是小小的美中不足。

在支教期间和学生最近距离接触的一次应该是西山之行了，在上课的第一天学生们就告诉我们西山是很值得一去的，这让懒散的我也存了去瞧一瞧的念想。于是在某个风和日丽的下午，我们两个班的学生带着十多位志愿者开始了长途跋涉。我们一路上有说有笑，在山顶上俯瞰文县，畅聊人生和理想，所谓"少年意气""挥斥方遒"不外如此。随后瞻仰了邓艾像，遥想蜀国当年雄兵，如今此地空余石像一座，再看看我身边的文县孩子们，不禁唏嘘——我们可以跨越距离，我们无法战胜时间。或许拍照留念是我能够留住时间的最好方式吧。

在文县的时间虽然只有短短12天，但是我深深地感受到当地人淳朴、善良的特质和艰苦朴素的生活作风，深深感受到了当地学生对知识文化的强烈追求与渴望，深深体会到当地教师那种无私奉献、爱岗敬业的精神。和这群意气风发、青春单纯的少男少女们在一起久了，我仿佛回到了我的高中时代，渐渐地，我爱上了这里单纯而又美好的生活，也习惯了陪伴学生们一起成长。但是日子如同沙漏，不经意间就从我指尖悄然滑过，转眼就到了离别的时候。

7月30号的晚上，我在网吧百无聊赖地用游戏来抚慰自己躁动不安而略带悲伤的心，仿佛键盘噼里啪啦的敲击声能够从耳边传到心里，驱散我内心那离别前的阴霾，而此时此刻我的心我的魂仿佛散在空中，想看到每一个认识的人并将他的样子刻在心中。

不久接到了同伴的电话，告诉我"学生们有礼物给你"，我跑回去的时候，房间里来了十多个学生，给我们六个志愿者老师每人送了两件亲手做的礼物，送上离别的祝福。在那一刻感动、内疚、伤感、喜悦种种情绪充盈在我的心里，交织着，久久不能挥散，而我只能用几声苍白的谢谢和真诚的祝福来掩盖此刻内心的复杂以及言语的匮乏。一个女孩给了我一袋她从家里摘的葡萄，没等我谢谢说出口就跑开了。那略带青涩的葡萄，含在嘴里酸酸甜甜的——甜在嘴里，酸在心里——就如同那初恋的感觉，原来第一次当老师的感受也是这样。晚上十点半，我在慢慢吃着葡萄发着呆，十多天的一幕一幕好像幻灯片一样在我脑海里反复回放，有两个和我相识较深的女孩提出要照相留念。到了分别的时候，她们送了我一个毛绒兔子，我抱着兔子，忍着眼眶中的眼泪和她们说再见。伫立在门口久久不能平静，我的泪水从眼角一滴一滴地滑落，突然之间心里空空荡荡的，就如同此时此刻的大街。一觉醒来大街上还会出现往日那熟悉的人群，而我呢？

7月31号凌晨五点半，天还没有放光，我们坐上了开往广元的大巴。在开车前，一位高6班的学生，一名身残志坚的斗士，在车窗外对我挥了挥手然后很潇洒地离去，留给我一个乐观的背影，我却只能在心里衷心祝福他在求学的路上能够顺利地走下去，希望他的内心永远坚定而正直。莫名的情绪涌上我的心头：来的时候仿佛我是千金之躯，生怕受苦受累；走的时候却成了千斤之躯，每挪一步都要使上全身的力气。罗曼·罗兰说："一个人只能给别人引路，不能代替别人走路。"我希望我是一个合格的引路者。别了，文县！别了，朋友！

支教这十多天来，我在感动中磨炼，在感动中成长，在感动中收获。收获的是无比欢乐，是人生阅历，是人生财富。与其说自己对当地孩子们改变得更多，不如说这种生活带给我的触动和感激更深。也正是这些触动与感激，促使我更加了解和热爱这片陌生且亟待发展的地区。支教对我而言到底意味着什么呢？是送给孩子们的明信片上载着的梦想，还是他们带给我的开心与思考？是自己努力的付出，还是孩子们所给予我的期待？

时间很短，回忆很长

王　婕
北京大学 2009 级本科生，2012 年志愿者

　　眼前，只有长长的盘山公路；但这里的山很青，这里的水很急，这里的人很热情。从来没有遇到这样的弟弟妹妹，他们这样好客，这样求知，却又带着些许羞涩。这里，是文县，是三省交会的一个小县城，却承载着我暑期十几天的记忆，承载着我人生中美好的一段回忆。

　　在文县，我们爬过山、游过园，我们去了天池，我们还去四川游了九寨。在文县，我们在卫生没有等级的食堂吃过面条、抢过包子，我们也去饭店撮过"大餐"、吃过火锅，晚上在宾馆里啃过西瓜；但是，这些都不是我记忆里最重要的组成，因为在文县，带给我最深记忆的，永远是那群孩子。

　　在文县一中，我负责教高一刚结束学生的化学课。我教的是一班，是全年级最好的班级，孩子们的求知欲都很强。虽然上午在办公室备课，下午在讲台上讲课的感觉也很不错，但跟孩子最主要、最深入的交流，还是在夜色中的卧龙潭宾馆。他们很多人都来到宾馆里，有的问问

题，有的只是想跟我们交流，还有的跟我们称兄道弟地各种聊一切可以聊的东西。他们看我们的眼神总带着那么点崇敬抑或是崇拜，他们很渴望走出那些山岭，去北京、去大城市上大学。大家的眼神有时候让我不舍、不忍，想给他们希望，想把自己知道的全告诉他们，但有时又觉得自己在仅仅十天之内能改变的还是太少。

想起那次一起爬山，那是一次意外之行。本来我们不愿带上学生，毕竟爬山有一定的危险性。不过他们无意中知道了我们的计划后，便嚷着要同行，我们商量后就接受了他们的请求。那次爬山让大家与我们之间的感情又近了一些。志愿者比他们年长，本来还在担心他们的安全，可是爬起山来才发现他们是如此熟悉和亲近这里的山山水水，我们的体力远不如他们。到山上的时候，我们一起聊天、起哄或互相调侃。这个时候，我们不再是老师，也不是从北京来的"北大"的偶像，我们只是他们的哥哥姐姐。他们唱着歌，也拉着我们唱歌，亲近地叫着我们的名字……或许是太过尽兴，爬着玩着就忘记了时间，回去的时候又走了一条新路，天色渐暗，可是那么二三十个人，我们一点儿也不担心、不害怕，还是谈谈笑笑。后来蹚水路的时候，那群男孩子也成了小男子汉，替我们用砖头铺路。

或许刚来文县时，我们还是"老师"，但是那之后，我们已经成了"大姐""龙哥"和"刀哥"；甚至有小男孩说，自己是独生子，第一次叫别人大姐的感觉，真的很奇特。这些话语，这些记忆，让我想永远留住这份友谊，在文县，感觉十天太少，十天太快。

走之前的那天下午，我们开了联欢会。虽然我们小队的很多人都不会唱歌，可是为了这些孩子们，我们也都勇敢地献上了一曲。在联欢会上我才发现，即使已经与他们这么熟，即使我认为我对他们已经了解了很多，他们身上仍有很多的惊喜是我没有发现的。他们能唱会跳，不止一个男孩的街舞和武术让我惊叹。在这个被大山怀抱的土地上，不知道他们是从哪儿学到的这些东西，如果能有一个更大的舞台，不知道他们可以走多远。

那天下午我们合影，彩色胶片也框不住潺潺流动的时间。走之前的那天晚上，很多学生都来宾馆给我们送亲手做的礼物、陪我们聊天，同学们希望我们不要忘记他们，在走之前要求一个大大的拥抱，挥手时已是满眼泪水。

现在，那段支教的时光已经过去快两年了，我们带的那群孩子也已经高三。我们的联系一直不断，中间给他们寄过书，写过信，发过短信，聊过 QQ，我依然还是他们的"大姐"。但是当他们在过年的时候问我，以后还会不会去文县，我真的不知道怎么回答。很想再去一次，在他们高考之后，跟他们疯玩一次，替他们准备要带去大学的东西，跟他们分享大学里的一切未知，给他们的未来再添加一点我可以做的事情。可是我知道，这几乎已经不可能，因为已经研究生的我没有那么多的时间和机会了。不过，这份感情，我想永久珍藏。

文县带给我的东西太多，我看到了祖国的另一种景色，感受到了另一种生活方式；文县一中带给我的东西太多，我收获到很多的真诚、很多的友谊。文县真的太闭塞，也许是闭塞到让她落后，虽然我教的是最好的班级，但是这个班的水平却不及我高中时候的普通班。走之前总说以后有缘还会见，我心里却明白这是极难的，因为他们的成绩不要说北大，连北京的重点大学都很难考上。但我的心里总有这份期待，想象着我们在北京相遇时的场面。

我们的祖国实在太大，窝在家乡，窝在北京，永远不知道祖国还有着这样那样的人和景；即使知道，听到的和看到的也不一样，看到的和感受到的更不一样。文县支教的十几天，会成为一段美好的记忆；文县一中的孩子，会成为我的弟弟妹妹，永远留在我的记忆中。

那一隅的感动
——甘肃文县支教个人感想

李忠亮

北京大学 2009 级本科生，2012 年志愿者

现为美国加州大学戴维斯分校博士生

2012 年暑假，我跟随"百人计划"的百余人一同前往甘肃文县——这一山清水秀但由于交通闭塞而经济落后的山区支教。

我们小队 10 人非常幸运地被分到了文县四中，一所坐落在桥头乡的美丽中学。

在这里，我们认识了一群可爱的初中学生，在他们身上我们看到了山区孩子纯朴善良的个性以及和睦互助的良好学风。我们给他们上课，给他们讲大山那边的另一个世界，"北京，北京"。在短短十天的支教生活中，我们与他们结下了深厚的友谊，他们也把我们当成哥哥姐姐。

在这美好而短暂的时光里，我收获的是真挚的友谊，还有一生中悠远的回忆。

文县四中侯老师

刚到文县四中，是侯老师在校门口迎接我们，然后在三楼的会议室跟我们进行了交流讨论，确定了上课形式和内容。侯老师和蔼可亲，为人处世周到全面，很像是我们的家长在照顾我们，真的很感谢他！

这里的孩子们相当自立，虽然只有十五六岁，但是

开课第一天，积极踊跃的同学们走进教室

我的第一课！

已经可以独立做饭自己生活，放假的时候他们还会帮家里或者自己去外面摘花椒挣钱。真的很为他们感动！

我给 8 年级讲英语口语，第一天同学们反映英语课很难，所以我想以实用的英语口语来提高他们学英语的兴趣。事实证明大家的参与度真的很高，玩得很 high，极大提高了学习英语的兴趣。

被我们"霸占"的校长室

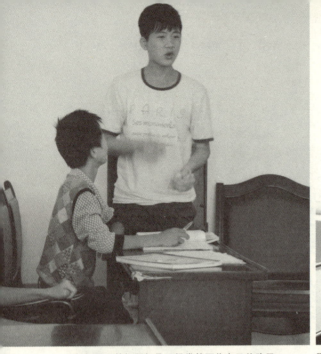

超级爱回答问题但是又经常管不住自己的孩子　　　　腼腆的男孩——左云辉

　　文县四中大力支持本次支教活动，我们也要尽我们所能来帮助同学们。要感谢校长和侯老师对我们支教的支持和鼓励。他们完全信任我们的能力，并且把学校 50 名优秀学生交给我们去管理和交流。

　　蒋家琪，我依然记得第一节课上通过回答问题拿了我很多糖的这位同学。有了他的课堂会分外活跃，但是经常迟到也是他的最大"毛病"。有一次我在校长室备课看到他 QQ 在线，于是把他从网吧叫来上课，现在回想起来依旧记忆犹新。

　　腼腆但懂事善良的左云辉也给我留下了深刻的印象。我和他一起去张东（另一位同学）家里玩过一次扑克。作为我的队友，他非常耐心地给我讲当地扑克的"规则"，对我的出牌失误也非常容忍。最怀念的是他那阳光腼腆憨厚的笑容。

　　文县的天总是晴的，我们去桥头乡的几天大都是晴天，天空也都如此般澄澈透亮，空气中是山水自然的味道。

　　支教生活很是丰富多彩，不仅有电影课、专题课，更有体育课。体育课上还有游戏玩儿，这可乐坏同学们啦，通过游戏我们玩儿在一起，

1. 文县蔚蓝的天空和翠绿的山峦

2. 文县桥头乡似乎有数不清的野花野草。随便去山上走走都能

   踩到一片片五颜六色的花朵

素质拓展课上同学们玩的游戏

文县天池，一个美丽而又梦幻的地方

又增进了友谊。

　　文县天池，一个美丽而又梦幻的地方。虽然我们只是去转了一圈，但是她的美真的足以让每一个看客折服。清澈碧绿的池水真的如天上圣水一般，安静地躺在那里等我们去聆听和感悟。

天池边美丽的野花

讲完课的支教"老师"和学生们去附近的山上游玩

在宾馆认识的可爱的
小家伙

天池半日游

　　这些零零碎碎的片段不足以表达我在文县体会到的感动、收获到的情谊。

　　文县让我们小队 10 个人聚到一起，成为朋友，一起度过了十余天充实而又欢乐的时光。我们或许没有给孩子们带去很多知识，但是我们却互相了解了彼此的生活。了解只是相识的开始，我们愿意继续和他们交流，做他们的引导者和支持者，做他们永远的朋友！

　　在支教的日子里，每天入睡前或是起床后，我都要想想自己将要讲的课程：准备得是否充分？学生们会不会对我的讲解感兴趣？他们能接受多少这样新鲜的知识？这些是我在文县想得最多的问题，透过支教的生活，我也体会到为人师者的不易。老师需要设身处地为学生着想，从学生的角度思考，而不单单只是为教而教。这样才能达到教书育人的目的，才能成为学生们喜欢、欣赏的老师、长者。我属于那种比较受欢迎的"老师"，我在讲课的过程中经常与学生走得很近，经常鼓励他们给我反馈，并且我会根据反馈来调整或者更改自己的课程进度。比如，我在实用英语课程上就会用奖品（我从北京带来的牛轧糖）来鼓励大家开口说英语，这极大地提高了大家的课堂参与度。教和学绝对是相互支撑的动态过程，两者相互促进相互融合才能达到师生收益的最大化。

在这"传道授业"的几天时间里，我自己也学会了怎样学习和怎样提高学习效率。作为一个学生，要随着老师的教学不断思考并且提供反馈，实现一个动态的教与学的过程。

除了体悟到了教学的意义，我更大的收获是真正领会了"行万里路"的重要内涵！正如美国总统夫人米歇尔·奥巴马在2014年3月访华时，在北京大学演讲开头所提到的古语："读万卷书，行万里路！"在北大的四年光景及之前的十余年学生生涯给了我许多书本知识的沉淀，现在的我已经对读书颇具"天赋"，或者说，不会对读书这件事产生抵触，把读书看作日常生活的一部分。那现在，我就需要通过"行万里路"来丰富我的人生经历，来实践我的理论知识，来提升我自己。

"行万里路"并不仅仅是我要走多远、飞多高、去多少地方，更重要的是在旅途中的思考和领悟。大自然留给人们太多思考的空间，想想现在还有多少大自然的奥秘我们没能解开。生命不息，思考不止。支教对于我来说就是一个非常重要的"行万里路"的途径，支教生活给我带来的不仅仅是一场远途的跋涉，更是一场对这个世界的进一步认识。走得多了，想得多了，就会觉得自己的心胸也开阔了许多，心境自然明亮了起来。之前生活中的烦事琐事现在看来显得不那么恼人了，反而自己在遇见问题的时候更容易保持平和的心态，更容易解决问题。

总之，支教绝对不是一项单纯付出的活动，它是支教主体双方的双向互动！我们以外面世界的精彩冲击着他们，孩子们又用淳朴可爱感染着我们。我们给他们送去了信息和信心，他们带给我们思考和感悟。人生是一场旅行，支教这一站带给我太多的东西。我想，以后有机会我一定会再来一次！那时候的我绝对会比这一次做得更好，也可以给学生们传递新的能量，分享新的感悟。对我而言，分享是一种快乐；对学生们来讲说，接纳也是一种快乐。何乐而不为呢？

支教的日子

苏清虹

北京大学 2009 级本科生，2012 年志愿者

怀着无限的向往，踏上了西行之路，支教的日子虽短，于我却是一段难忘的岁月。

这段时间我一直在想，支教的时光于我、于孩子们有怎样的意义？

因为我是教生物的，而刚升入高二的孩子们之前还没有学习过生物，在教与受教双方都没有教材的情况下，我只能告诉他们我对生物学科的感觉、我的学习方法、我对某些定律的理解，以及我对一些生物学家的看法等等。从本质上来看，虽然这些都是比较空泛的内容，但我试图通过这些东西给他们传递一些正能量。另一方面，由于没有具体的题可做可教，所以我相对比较闲。

尽管是一段悠闲的时光，于我个人却有很重大的意义。首先，此次出行是我第一次去陇南，第一次踏上地理书本上说的西部内陆地区。在这里，我第一次看见了大江。站在江南公园的亭子上，望着湍急的江流，同行的好友问我，你有没有一种，水在向前流，而人在往后退的感

觉？其次，孩子们总喜欢问我们的高中生活、我们的大学生活；向他们叙述的过程，于我也是一次难能可贵的总结——纵使处在高中的时候会有艰难的时刻，但是再回忆的时候，心里却是满满的温馨和幸福。和孩子们在一起，仿佛自己年轻了几岁，仿佛又回到了高中。

记得在支教的最后一天，应孩子们要求，我们给他们介绍了北大，并举行了一个小联欢会，其间欢声不断；当大家集体给我们唱歌时，我心里有一种别样的感动，亦有一种说不出的离愁别情，觉得非常舍不得他们。有一个孩子小声地问我："老师，明年你们还来么？"我一愣，原来孩子们也是如此舍不得我们。我深信我们一起度过的这段时光，将会永远珍藏在我们的记忆中。虽然我无法确切地告诉他们明年我是否再来，但是我很肯定地告诉他们，明年一定会有一群和我们一样的大哥哥大姐姐会来，会带来他们的正能量。

送人玫瑰，手有余香。

在支教的过程中，也许孩子们能从我们这里学到一些知识，或者是某个学科的学习方法，或者是几句鼓励的话，又或是了解到外面的世界和增添对大学的憧憬。但与此同时，他们亦给我带来了许多感动。记得有一次我们和孩子相约课后去爬山，面对高耸的山峰，有轻微恐高症的我曾在途中几次想退出休息，但是孩子们不断地鼓励我前进。他们搀扶着我爬到了山顶，我感动于他们对我的帮助，也佩服他们的韧性和坚持不懈的精神。最让我开心的莫过于有孩子问我一些问题，因为那时候会让我觉得我是被孩子们需要的；被人需要本身就是一种幸福，而被这么一群可爱的孩子们需要更是如此。

孩子们自制的礼物，课前课后的掌声，孩子们的笑容和不舍的眼泪……这些都是我这年夏天最珍贵的礼物。

多么高兴，人生中能有这样一次机会，来到这里，拥抱这里的青山绿水，接触这里未来的希望。衷心祝愿孩子们都能走出大山，实现他们心中的梦想！

花开的七月

曹 宇

北京大学 2010 级本科生，2012 年志愿者

　　萨特说：人是被抛到这个世界上来的。有的人被抛到了大城市，也许能成为"富二代""官二代"，享受着优越的生活条件；有的人则被抛到了小山村，承受着生活的磨砺。

　　2012 年 7 月，我们来到了甘肃省文县桥头镇，开始了为期十天的支教生活。

　　作为支教志愿者的我们，或许能够短暂适应这里匮乏的物质条件，也能忍受这里极为不便的交通，甚至有闲情逸致欣赏这里的天然。一切都只是因为我们明白，这仅仅是我们生命中的小插曲，支教结束我们便可以回到城市生活。而对于这里的孩子们来说，这里却是现实，是生活，甚至是一辈子走不出的地方。

　　有一天下午，上完课回到宾馆，两个女孩过来找我们聊天。我正准备洗衣服，其中一个凑过来认真地说："姐姐，我来帮你洗吧？"我说："不用，不用，我自己可以。"她很惊讶地说："我以为你们都不会自己

洗衣服呢！"

　　一股莫名的感觉涌上心头。或许在她们看来，我们是来自另一个世界的人。我们衣食无忧，娇生惯养，甚至连衣服都不会自己洗。虽然其中带着一些误解，却也能以此看出她们对外面世界的想象。那是与她们生活了十几年的小山村有着天壤之别的地方。

　　她们小小年纪就离开父母，来到一个陌生的小镇，独自学习，独自生活。生活迫使她们过早成熟，却也锻炼了她们自立的品格。跟她们相比，我们成长的环境则要好上千倍万倍。

　　在最后一晚的欢送会上，侯老师做了总结发言，她总结的一部分与我的感受不谋而合。欢送会放了一段小视频，其中有很多野花的图片，我不知道我们的队友为什么拍它们，大概是因为好奇吧。生活在城市的我们很少见到这些说不上名字的小花。当它们在大屏幕上展现出来时，我们着实被它们的美丽震撼了。

　　文县的孩子们，你们恰似这些美丽的、无人问津的野花。在没有绽放之前，你们也许会自怨自艾，也许茫然不自知，但一定要相信，无论周围环境多么恶劣，你终究会迎来盛开的七月，绽放属于自己的绚烂。

　　短短十天，思想的教育贯穿在知识的讲授中，我不知道最后有没有达到"思想境界提升"这样的高度，但影响总归是有的。或许，我们以大学生、北京高校大学生的身份就能够给他们造成直接的冲击，让他们产生一种对外面世界的憧憬。我们的到来给了他们一种可能性，一种考上高中、走向大城市的可能性。"老师，讲讲你的大学生活吧！""老师，你是怎么考上北京大学的？""老师，分享一下你初中学习的经验吧！"——这些问题是他们最爱提出的。从他们眼中我看到了渴望，我会尽量用有趣的方式讲述我习以为常的平淡、讲述那些对他们有用的学习经验。

　　欢送会结束后，天色已晚，四周的山黑压压一片，只能分辨出山顶的轮廓。我们走在路上，心里有一丝害怕。但那些小孩走得非常淡定，丝毫没有害怕，他们都说习惯了，经常一个人走，走久了就不害怕了。

结伴回去的路上，他们又说了很多。"姐姐，这几天我们真的学到很多东西……""我以后会好好学习的……""姐姐，我想考北京的大学，你等着我……"听到这些话我有一种窝心的快乐。

十天的支教生活，或许改变不了他们的生活状况，也无法为他们的未来指明方向，但若能为他们的梦想增添一丝希望，给他们的生活带来一些快乐，我们便不枉此行。上天给了每个人不一样的人生。文县的孩子们，你们比他人承受更多的磨砺，也必将收获更大的成长。

我很害怕他们问我"为什么来支教"，却无时无刻不在问自己这个问题。大概是"一种情结"吧，以前看报纸上讲大学生支教的故事，我就羡慕得不得了，下决心自己以后也要这样。除去这个原因，上面提到的那些零零碎碎的感受是我支教前模糊期待明朗化的结果。对，我就是想体验这个经历，带给他们收获的同时成长自己！

感谢文县的同学们给了我这个机会，感谢这次支教之行，感谢陪我一路同行的九个队友。

大山的孩子

宋丽青

北京大学 2011 级硕士生，2012 年志愿者

现任北京大学城市与环境学院研究生会副主席

　　文县县城中，有许多离开土地陪同子女进城读书的家长，让我回忆起"孟母三迁"的故事。"孟母三迁"告诉我们，人可以选择自己的成长环境。但是无论是前往山道曲折的村间学校念书，还是穿过车水马龙到县城学校学习，这里的每个人都几乎没有离开过自己生于斯长于斯的一方水土。

　　进入他们的生活并不容易。从北京出发，需要乘一天的火车、一天的巴士，翻越摩天岭的山脊，进入两江八河①的流域内。这里，孕育着阳山金矿、天池美景，境内的白水江国家级自然保护区是甘肃省唯一的大熊猫保护区；这里，也遭受着泥石流的威胁，在地震后满目疮痍。就在这一方水土之间，文县人生活着，任由自然雕琢。

　　推进环境保护或许能改善当地人的生活，我们怀揣这样的目标，决

---

　　①　"两江八河"包括白龙江、白水江，团鱼河、让水河、丹堡河、白马河、中路河、马连河、羊汤河、伦巴河。

定利用课余的时间去乡间走访，普及宣传环境保护政策。

为了全面了解当地的环境保护政策，我们首先联系了环保局、林业局和水利局等部门。水利水电开发相关的环保政策与居民的生活关系最为紧密，因为当地水力资源充沛，水电收入占县财政收入的40%。截至2012年，文县共规划水电站73座，已建设66座，47座已建成并发挥效用，19座仍在建设中，主要电站包括汉坪嘴、麒麟寺、金口、柳园、苗家坝、碧口、石矾坝。年总发电量238710万千瓦时，除20%自用外，所产电力以0.2元/千瓦时电价统一并网输送。2011年起，政府开展以电代燃项目，申报电站的发电量全部以上网价格供给当地老百姓，满足百姓生活用电后余电再入网，投资由国家拨付40%，投资商支付60%。目前，项目已覆盖碧口的4个乡镇，村民享受0.23元/千瓦时的电价，不到甘肃省统一电价[①]的50%。同期，政府在全县实施电气化改造项目，居民购置电器享受13%补贴，以鼓励以电代柴、以电代煤。

谈及优惠电价，碧口村民的表情都舒展开来。供电稳定后，大家逐渐倾向于使用电器，米面加工方便了，生活品质显著提升。一位村民给我们算了一笔账：“（过去）除了捡柴以外，平时买民保沟的柴用，0.35元/斤；冬季3个月烧煤，0.7元/斤……一年要用掉上千斤……现在用电又干净又便宜，还节省下来了劳力。”另一方面，薪柴需求减少，也有利于植被恢复。许多村民表示，山上有野猪破坏农作物，本来就难以耕种，能够退耕还林再好不过。退耕还林每年每亩补助210元，退耕还草每年每亩补助30元，对他们来说也是一笔不小的收入。

说到文县的退耕政策，也与居民生活、环境保护息息相关。当地满足退耕条件[②]的耕地大于70万亩，退耕后政府统一提供苗木，种植花

---

① 甘肃省统一电价（2012年）：150千瓦时以内0.51元，150千瓦时以上0.8元。
② 退耕还林的条件包括：（1）坡度大于25度；（2）小麦条锈病退耕区；（3）泥石流地质灾害退耕区；（4）新疆移民退耕区。

椒、核桃、茶叶、速生丰产林、落叶松。在文县后山的"林歌林"种植的就是这种落叶松。借着交通工具、辅以攀爬，我们登上了"林歌林"所在的山坡：上千米的引水、灌溉管道，数十名工人的栽种、维护，促成了秧苗 80% 以上的成活率。从这个角度看来，环保是费钱的事情。而越过生机勃勃的树丛，我们看到山下林立的楼宇和民宅有了一道妥帖的保障。从这个角度看，环保却是必需的事情。

这个现象让我们回归到一个最基本的论题：环保与发展是在跷跷板的两端吗？在文县的实践让我们看到，这些对环境生态有所保护的措施，同时能够帮助改善当下的生活水平，改变未来的生产、生活方式。环保和发展是相辅相成的。

环保意识的传递过程，甚至改变了我们。在铁楼藏族自治乡进行环保宣传讲座的时候，有不少参加过林地恢复的妇女参与。她们用双肩背负着树苗，到高山荒坡间种植，不仅仅为了数十元的工钱，也是为了让她们的家乡更绿更美。环保到底意味着什么，乡亲们慢慢就会感受得到，慢慢就会理解得到，慢慢就会一点一点行动起来。这是非常重要的。面对我们的崇敬，她们只是露出朴实的笑容。反而是她们的孩子，为我们的稿纸和文具欢呼雀跃。在路边的水泥板上，几个孩子围着铺开的稿纸，抢着彩色的画笔，绘制他们心中"最美"的景象——坡顶的房屋边立着繁茂的树。他们的行动净化着我们的内心。

两周的活动，奔波、泥泞、疲惫，但大家干得很高兴，越干越有劲，越干越快乐。许多队员来自城市，或许本也是娇生惯养的孩子，然而这一程，我们都是大山的孩子，愿以自己的身心相托付。

图 1　甘肃省文县行政区分布及其面积
数据来源:《文县土地利用总体规划（2010~2020）》。

图 2　甘肃省文县数字高程分析
数据来源：中国国家地理信息数据库，90m×90m。

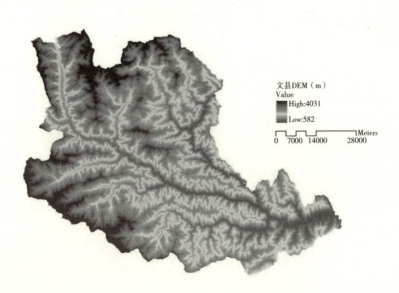

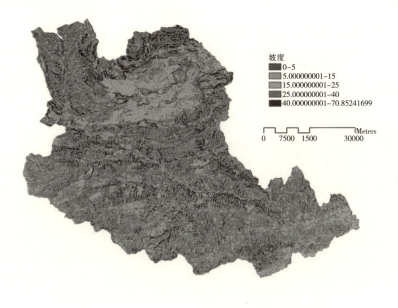

图 3　甘肃省文县坡度分析

数据来源：中国国家地理信息数据库，90m×90m。

图 4　甘肃省文县土地覆盖结构

数据来源：《文县土地利用总体规划（2010~2020）》。

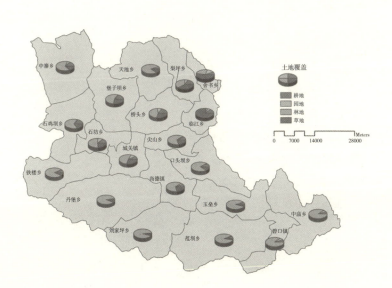

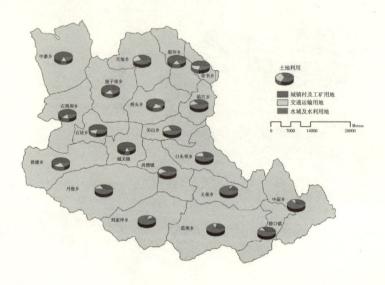

图 5　甘肃省文县土地利用结构

数据来源:《文县土地利用总体规划（2010~2020）》。

图 6　甘肃省文县水电设施分布

数据来源: 文县水利局, 2012 年 7 月。

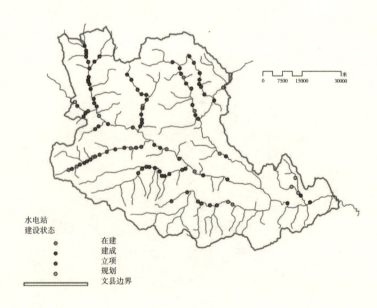

文县县城，2012 年
7 月 21 日

文县铁楼藏族自治
乡，2012 年 7 月
24 日

$\dfrac{1}{2}$

1. 文县天池乡自然环境，2012 年 7 月 22 日

2. 泥石流，文县白水江沿岸，2012 年 7 月 20 日

3. 大唐碧口水力发电厂，文县碧口镇，2012 年 7 月 20 日

4. 林歌林与文县县城，文县县城，2012 年 7 月 25 日

相亲相爱的一家人

詹　萌

北京林业大学 2010 级本科生，2012 年志愿者

　　思来想去，还是以这首歌名作为题目最有意义。孩子们，还记得吗？这是你们为我唱的最后一首歌，也正是我们每一位支教者想对你们说的话。也许我将不会再踏入这片土地，但我还是经历了这场旅程；或许我再也不会回到这个县城，但心注定永驻于此。

【文县】

　　不到十天的相处，足以触动我的心。

　　经过 23 小时的火车再加上 6 个半小时的山路，我们一行人来到了坐落于甘肃南陲的文县。这里虽然并没有如想象的"与世隔绝"，但四面环山的地理条件也注定了这个小小县城的闭塞与不便——这也是文县的教育资源匮乏的根本原因。或许有人会觉得这里的条件还不至于让人不满意，就连我自己看到文县一中美丽的校园和不算落后的教学设备后都在质疑自己支教的意义。但只经过短短几小时的谈话，

我们便感觉到这里的孩子对知识的极度渴求，以及心理上需要的安慰与倾诉。

【一中】

在支教的这十几天，我主要负责教授高二 8 文科实验班。班里 60 位学生，每一个笑脸都牢牢地刻在了我的脑海里。教书方知育人难，才讲了 45 分钟的课程，嗓子就罢工，开始干哑疼痛，正是身体的不适才让我深刻体会到教师这个行业的崇高与可敬。师者，传道授业解惑也；授业是次要，解惑才是教育的关键。我主要负责文科综合，学生们的知识基础很薄弱，而且临近高三也没有一套系统的复习方案，因此在备课时，我着重于夯实基础，提纲挈领。为了能尽我所能给他们更多帮助，我一回到宾馆就开始上网搜集各种复习资料与习题，与其他支教老师交流教学经验并互相拷贝资料，甚至给曾经的高中老师打电话求助，索要自己高三时用过的复习资料。

确实，短短的十几天内，孩子们知识上的改变并不是很多，更多的改变是源于信念。这里绝大多数孩子从没走出过这个小小的县城，所以，走出去成了很多人的目标。我利用课余时间给孩子们展示北京世界公园照片，孩子们向往的眼神让我心里一酸，我能感觉到他们真的好想来北京玩一玩，到外面的世界去看一看。其实我们支教志愿者就是一双双替孩子们看世界的眼睛，讲述我们的经历可以让他们更多地感受到外面世界的神奇与精彩，坚定他们从走出大山的信念。

还有很多孩子是心理上亟须辅导或者交流的。我清楚地记得第一节课让大家提问时的场景，孩子们问得最多的一个问题就是"老师，我是个很没自信的人，怎么才能让自己有信心啊？"当时我就被这个问题问住了，因为那一刻我才意识到孩子们最需要的不是知识的补充，而是信心的树立。信心这种品质不是一两句话就可以培养起来的，况且我也不是滔滔不绝的名师大家，所以我能做到的就是通过朝夕相处的关心和潜移默化的影响尽量帮助他们树立自信，找到出路。一些好的结果给了我支持，一部分学生渐渐走出了内心的困境，看到了希望。

支教之路还很漫长，但我认为这是开始的第一步，也是最为关键的一步。

【志愿者】

我们队 16 个人因为心怀同一份爱，不远千里来到了这个遥远的地方。在 300 多个小时的相处过程中，我和 15 位来自不同学校的志愿者从陌生人变成了无话不谈的好朋友，这种共享同当的"革命友谊"真的是无坚不摧。我们会无微不至地照顾发烧的队友，会为了把课讲得更好而熬夜交流备课，会为了满足学生的要求而唱歌练舞，会为了我们共同的经历而欢笑，而落泪……感谢你们每一个人，让我们成为一个大家庭，见证着彼此的成长。

【还有一些话】

在到达文县之前，很多孩子就对我们翘首以盼，他们经常跟我说很需要我们，希望我们可以多留几天，多讲讲我们的经历。

记得早前在网上看到一篇极力反对支教的文章，大意就是表达支教的不负责与误导性，认为对于支教者来说支教自我价值的实现要远远大于助人为乐。当时看完还心存愧疚，犹豫自己这次的支教之行是不是正如文意。但这次的经历却完全打消了我这个想法，我想撰写文章者一定是没有支教过，或者说没有用心支教过。

或许只有一个月、一周甚至几天的支教，或许要跋山涉水，或许要耗费人力与财力，但这给那些需要我们的孩子带去的绝不是走马观花的被同情感，而是一种他们所需要的沟通与感悟。

由此看来，支教的价值已远远超越了其本身。况且授课本身就是一种教学相长的行为，我们在给予孩子们知识与力量的同时，自我肯定与自我价值的实现也是无可厚非的，这并不可鄙。很幸运有机会将自己的感受融汇在书中，言有尽而意无穷。在每年一度的教师节到来之际，我们几位支教"老师"都会再相聚，回忆这段难忘的支教经历，想着远在文县的每个人。

希望还会相见，我会一直怀念。

——于2012年难忘的夏天

为了那些美丽的心灵

——"百人计划"支教有感

韩圣与

北京大学 2012 级本科生，2014 年志愿者。

我将永远难忘那些悦耳的歌声，我将永远难忘那些动人的笑容，我将永远怀念那些清澈的眼神，我将永志难忘那些晶莹的泪水。我何德何能，能让这么多美丽的心灵因我而感动，因我而流泪。

在支教开始之前，我根本无从想象，自己会在甘肃文县——这样一个之前闻所未闻的小县城，感受到怎样强烈的震撼。我无论如何都不曾想到，自己在这里根本不只是简单地给学生们上几节课、讲几道题，而是要真真切切地体会一次灵魂的洗礼。

一切还要从那第一天说起。

经过一早上的车程，穿越了川陇的省界，翻过了一道道山川沟壑，见证着天气由阴雨转为晴朗、山势植被从广元的秀丽变为陇南的崇峻苍莽，到了中午，"百人计划"的整个团队顺利抵达文县一中西元校区。

远远地在大巴上，全体队员就发出了一阵惊呼，这是因为我们看到

文县的山

文县一中的钟楼

了文县一中那地标性的建筑——钟楼。文县一中西元校区的现代化程度完全超出了我们的想象，令队员们赞叹不已。队员们纷纷表示，本以为是到贫穷的山沟里来支教的，没想到这座校园的环境如此优美、条件这么好，更有人笑称"我们这是来见世面来了"。大家都为文县一中的同学们能够享受如此优越的学习环境感到高兴，也为文县以及文县一中的快速发展感到兴奋。

当大家进入了自己的宿舍之后，又是一阵惊叹。宿舍的条件也完全超出了同学们的预期，甚至比大家在学校的宿舍还要宽敞。之后队员们在学校食堂用了第一顿午餐，大家都表示味道非常好。初到文县一中，学校优良的条件和校方热情的接待就给大家留下了深刻的印象。

值得一提的是，队员们在学校里获得了明星般的待遇。文县一中的同学们会趴在窗户上向楼下的我们打招呼、尖叫，大家都得到了围观，这让队员们都受宠若惊、十分荣幸，也让大家感觉到肩头的责任更重了。大家一致认为必须认真备课，用高水平的课堂来回报同学们的厚爱。

在接下来的几天中，无非是正常授课、备课、答疑解惑。时间就这么平静地流淌，似乎也没有什么特别值得注意的事情。如果一切照此发展，那么我的支教生活或许也就平平淡淡地结束了。我会充满喜悦地踏上回家的旅程。但故事在最后一天发展到了高潮。

最后一天的课程，已经无法如常进行下去。在学生们的强烈要求下，我们做了小游戏，我把自己带着的几件文化衫都作为礼物送给他们，但是那根本无法满足他们强烈的需求，这让我无比后悔当初没多带一些有关北大的纪念品来满足他们渴望的心。我们欢笑，我们歌唱，一首接一首，我们唱了半节课的歌。我看到他们纯真的笑容，我听到他们充满真挚的歌声，我从他们清澈的眸子中看到了他们美丽的心灵。我庆幸自己在这样一个遥远陌生的地方接触到了这样一群可爱的灵魂。他们让我再次相信年轻的美好，再次相信人性的纯真。

在这里，我第一次被人抛向空中；在这里，我第一次体会到被人发自内心地爱戴；在这里，我第一次看到我甚至叫不出名字的人为我的离去而流泪。有太多的第一次，或许也是生命中的最后一次留在这里，这些都让"百人计划"成为我生命中无可替代的一次经历，也让这些充满活力的学生们成为我生命中永远无法忘怀的一群身影。

谢谢你们，谢谢"百人计划"。为了这些可爱而又美丽的灵魂，我不会忘记你们，我会继续努力，做一个不让你们失望的韩哥！

1. "百人计划"志愿者的文化衫

2. 被欢乐的孩子们抛向空中

3. 3队和孩子们的合影

第五章

眼角固执的泪

离别前的课堂

刘保奎

北京大学 2007 级博士生，2009 年志愿者

时间过得很快，来文县已两周，剩下的日子已不多。虽然我对文县说不上特别喜欢，但我还是不敢去想我离开时的情形，更不敢去想在我我最后一次课上孩子们的表情。

今天在课上，我跟孩子们说："你们要养成记笔记的习惯，俗话说，好记性不如烂笔头。"但是我发现他们没有一个人在书上写，后来从班长那里我才了解到，他们的英语书是要收回去循环使用的，当时我觉得很难受，有一种说不出的感觉，感觉自己很傻。这情景就像一个富人跟穷人说，你们吃不起粮可以吃肉一样。

然而，这并不是我今天感到最难受的事情。

紧接着，我跟孩子们说，明天我会给你们每人发一个本子，你们把我教的东西、给你们布置的作业，都写在这个本子上，这样，我走了之后，你们还可以再看看，再复习一下。

"我走了之后"——这句话说出去，我特别后悔，也特别难过。我想

我不应该跟他们说离开，至少不应该现在说离开。如果他们上我的课是快乐的，那么我希望他们就这样快乐下去，直到我离开。我甚至不想在离开的时候告诉他们，我想，或许不辞而别是最好的选择。

我想告诉孩子们不要难过，老师还会再回来，可是，我不能这么说，因为，我真的不能确定自己能不能再来这个地方，这个鸟兽难进难出的幽闭之地。

还好，接下来我教给了他们一首英文儿歌，孩儿们唱得很高兴。整个一节课，我都尽力地面带笑容，以埋住那份悔恨与伤感。我想孩子们看不出我的心理活动，也应该没有意识到我说的那句话吧，心里总算好受了些。

我想，跟孩子们在一起还是应该谨慎更谨慎，让他们守住那份天真，不能让自己的情绪影响了他们。或许，我还应该细心一些，再细心一些。

今天孩子们配合得很好，也非常高兴，一节课很快过去，我有些意犹未尽，问他们下节课是什么，得知是自习课时，问他们再上一节英语课好不好，孩子们几乎用最大的嗓门说好。于是我去找黄主任，看能不能再上一节课。黄主任欣然答应，我从她办公室走出时看到孩子们围着门口，分明是听到了我们的谈话，一片欢呼……那一瞬间，我很感动，但又觉得很不自在。

其实，我只是想再上一节课，跟娃们一起再学一些东西，他们的欢呼完全出乎我的意料，也让我觉得内心非常温暖。

突然想起来，今天，我问孩子们知道哪些动物的英文名字。他们知道得挺多的——pig, dog, tiger, monkey, cow, chicken, rabbit……有一个小女孩说 horse，由于她发音不准，我听成了 house，我说house 是房子，不是一种动物……这是我的错，不知道这个娃明天还会不会主动举手回答问题……

明天上课时，我一定得再跟娃们纠正一下，horse 是马，但不读house，而是 horse……每一个孩子都有自己一片纯净的天空，我们要尽己所能帮他们守护。

倒数第二次课程，有些伤感，有些温暖，有些怀念。

1
2
3

1. 孩子们的教室

2. 欢乐的游戏

3. 临时的校舍

最后一节课

曹战胜

北京科技大学硕士，2009 年志愿者

那是星期三的下午，我十分清楚这是支教的最后一节课，没有、也从来都不敢跟同学们说我们将要结束支教活动。似乎大家都已经知道我们将要离开似的，早早地坐在教室中等待着上课（有几个同学提前跑来送我礼物，说是给我做纪念的）。每次我都是提前 5 分钟到教室里跟同学们聊聊，说说一些有关学习的事情，大家也十分愿意跟我讲一些自己平日的趣事。可那一天，每个人都静静地坐着，等待着上课的摇铃响。大家都眼睁睁盯着我，默默地看着，似乎在寻找着些什么。我没有说什么话，也说不出来什么。

上课铃响了，我们开始上课。首先我让大家朗诵了一篇汇演的诗，同学们声情并茂地按着节奏顺利地朗诵了下来，这让我知道他们放学在家练习了，我感到非常高兴。然后我说："我们学习了将近一个月了，让我们一起回顾一下我们所学习的知识有多少，测验一下自己是否都已掌握了。"我们一起从 "what's your name?" 读到 "how

志愿者来到丹堡小学

are you?"，我们从"what do you do?"读到"where are you from?"，今天所有人都聚精会神地跟着我复述。时间快速地逝去，在没有人觉察到的时候下课铃声就响了起来。

这时，我不得不沉重地对大家说："我们的支教活动将要结束，我们也将要离开文县。在这里我向大家告别了。最后一分钟，我希望大家跟我一起，唱一首歌——《同一首歌》。"

在歌声中我们慢慢地离开。所有的同学都站起来，鼓起掌来。刹那间，我感动了，非常感动，我的声音有些哽咽，视线模糊了起来。我示意大家停下来，并起个头唱"鲜花曾告诉我你这样走过……"在歌曲没有唱完的时候，我看到了许多同学的眼泪在流，不停地流。我摘下眼镜，悄悄地退出了教室。我不能待下去了，我不能让大家哭了。我刚出教室三四步，同学们冲出了教室，手举着小小的礼品，一再让我收下。不能拒绝，我告诉自己。抱着一堆礼品，我快速地往远处走。我不想让大家的情绪失控，更不想让大家伤心落泪。就这样，我离开了丹堡小学。

支教活动结束了，可是，那些可爱的笑脸，那些熟悉的名字——王江峰、周蓉、李明明、赵兰……那些恋恋不舍的眼光与泪水，让我心不能平静。一种无法割舍，又不得不放弃的痛，留在了我的内心深处。

1. 最后一堂课，同学们都聚精会神地听志愿者曹战胜讲课

2. 上课了，丹堡小学附近一片宁静

感受文县

——记支教中的点滴

中央党校 2008 级博士生，2009 年志愿者
现任职于中国青少年研究中心

　　从来没有想过，在我学生生涯接近尾声的时候，能够幸运地参加这样一期活动，让我来到心中无数次想象的地震灾区，亲眼来看看受灾群众的生活状态，并能够尽自己的微薄之力，来告诉灾区那些受伤的无比可爱的孩子们：外面的世界很精彩。一个月短暂的文县支教生活，我无时无刻不为孩子们的爱所包围着，感动着。即使到了今天，仍然有孩子经常给我发短信，打电话。我常常在想，孩子们仅仅是在想念我这个人吗？不，我能从他们依恋的眼神和话语里感觉到他们对知识的渴求，对美好生活的向往。

　　我原本被学校安排负责五年级两个班的英语课教学，我的两个同事负责六年级的英语课。有一次我去五年级上课的路上，就被三年级的几个同学拉住了，其中一个小女孩说："老师，你什么时候给我们去上课

孩子们在志愿者王鹏的课堂上积极表现

呀，我们同学都希望你去给我们上课。"

我说不上来当时心里的感觉，只觉得眼睛酸酸的，我无法拒绝，我说："我一定会来给你们上课的。"后来我找到校长，说明情况，于是我又增加了给三年级和四年级小学生上课的任务。那段日子很快乐，虽然课时任务很重，但是一点也不觉得累。每天坐在去学校的汽车上，想着那么多可爱的孩子都等着盼望着我去上课，心中的幸福感油然而生，我也第一次体会到了教师的神圣和责任。

做老师就要为人师表，虽然我只是一个支教的兼职老师，但是孩子们信任和崇敬的眼神让我感觉到责任的重大。每天晚上，我都精心设计教学方案，根据当地学生的英语基础，结合我在新东方快乐英语的教学经验，开展快乐英语教学，让他们边学边玩，激发他们的英语学习热情。记得有个坐在教室最后一排的学生跟我说："老师，我以前一上英语课就头疼，自从你来了，我们越来越喜欢学英语了。"作为老师，还

课间孩子们围在志愿者王鹏周围

有什么比听到这样的话更欣慰的时刻呢？

一个月真的很短，离别的日子如期来了。我尝试像平常一样跟孩子们说笑，像平常每次上课一样鼓励他们努力学习，考上大学，走出大山，寻找自己的未来。可是一个小女孩打破了这种平静："老师，我们给你跳个舞吧。"几个小女孩开始跳，一边跳一边唱，大家静静地看着，有几个小女孩跟着轻声地哼唱。接着几个男孩子跳起了蟑螂舞，这是之前我教他们跳很俏皮很搞笑的舞蹈。可是这些挺大的男孩子在一边跳一边流泪。我永远都记得那时的场景，所有的孩子都在抹眼泪，很多女孩子无法控制地哭出声来。我不知道我是怎样离开那个地方的。泪眼婆娑中，只记得孩子们都举着自己精心准备的小礼物，送到我的怀里。

现在，我已经回到北京，我的生活已经恢复了往日的平常。可是我仍然时不时地接到孩子们的电话和短信。有个叫王露洁的小女孩发短信说："老师，您好。您在干什么呢？我昨天做梦梦见您了。我们班同学

"老师好！"

都很想您，我们班的女生想一次就要哭一次，我也是。"还有孩子发短信说："老师，读大学要几年呀？"亲爱的同学们，你们带给我的，是我此生最珍贵的财富，你们美丽天真的笑脸，也同样激励着老师在今后的道路上努力向前。有机会的话，老师一定会回来，再和你们一起游戏，一起快乐学习，还记得我们的口号吗？"Never give up，we are the best."

一个月的支教生活很快过去了。回想这一个月，心情总是不一样的起伏，总是有一些东西在心里荡漾，也有很多感触和思考。

在文县一个月的时间里，我了解了文县的风土人情、经济社会发展状况，当然还有教育现状。作为一名支教志愿者，和孩子们接触的时间最多，可以说令我感受最深的还是孩子们。永远忘不了和他们一起做游戏，永远忘不了他们给我跳舞，永远忘不了送别时他们许久都未离开。昨天有个学生给我发短信说："王老师，你好吗？我们都很想你，一想你几个女生就哭了，你什么时候再来给我们上课呀？"我心里有一种说不出的酸楚。孩子是天真无邪的，他们看我的眼神流露出对知识的无限渴求；孩子是懂事听话的，他们每天要走四个小时坎坷崎岖的山路去上学，回家还要干家务。我亲爱的孩子们，我真的想为你们做更多更多，可现在我只能如此。再向更远处想想，中国肯定还有更多像你们这样的孩子们，他们会有人帮吗？我们需要做的还有很多，但首先要改变如此差异巨大的教育环境。

文县给我的第二个感受就是中国的教育环境差异巨大。我有幸曾在北京新东方英语学校担任过英语老师，参与新东方酷学酷玩英语冬令营项目。来自全国各地的孩子们在新东方体验着启蒙式精英英语教育（elite education），他们缴纳昂贵的学费在北京边游玩边学英语。相比较来看，文县农村的孩子们别说去上新东方，连学校基本的英语教师资源都没有享受到。文县代表了中国很大一部分地区的基础教育现状。可见，孩子们的初始受教育程度在中国是有很大差别的。如何提高公民的整体素质，如何切实增强国家的综合实力，我认为还是要从最基本的教育抓起，从缩小基础教育环境差异做起。当然缩小环境差异，关键还是发展当地经济。经济发展起来了，地方财政有钱了，才能有实力去改善教育。

第三个感受我想谈谈贫困地区的经济发展思路。文县是国家级贫困县，地理条件恶劣，山多耕地少，据家长介绍，农村每人平均也就是6分耕地。在这种情况下，发展大规模现代农业是极其困难的。文县也基本没有工业，听说有一个大金矿储量全国第一，但开采权在个人手里，当地普通群众受益很小。作为国家贫困县，招商引资也是很困难的——基础设施不完善，进县城的唯一道路作为国道才有1.5个车道（可能受地震破坏影响）。文县县城服务业不发达，但是物价还相对较高。因此我认为在这种贫穷地区想加速发展经济也是不容易的，困难重重。对于文县来讲，可以尝试做水的文章和挖掘矿产资源。

还有一个感受就是文县环境污染相当严重，植被遭到破坏。本来嘉陵江的重要支流白水江穿城而过，水资源丰富，但水遭到严重污染，尤其是县城内的水已经能闻到臭味。其实文县工业不多，污染源主要是生活垃圾，这说明当地民众的环保意识还不强。据当地人介绍，文县的山原来郁郁葱葱，后来树被砍光了，现在成了秃山，易发生自然灾害。因此基层的环保教育亟待加强。环保教育要从孩子抓起，这是一句实话。

零零散散这一个月感受了很多，感受之余还得感谢，感谢主办方中国大学生环境教育基地；感谢一起在文县奋斗的兄弟们；感谢文县，还要感谢可爱的孩子们。祝福文县，祝福孩子！

离　开

刘保奎

北京大学 2007 级博士生，2009 年志愿者

会演结束，我们收拾东西准备回去，我刻意不再去接触那些孩子，甚至不再去看他们，因为我不知道，如果我看了他们，会发生什么。我觉得，哪怕让孩子们觉得我是无情无义的，也比让他们哭泣要好。童年，应该是美好的，应该是开心的，不应该被太多的情感冲击。山里的孩子生活上很是坚强，但他们的心理很脆弱，特别是自尊心很强，如果他们受到伤害，恢复起来恐怕会很缓慢，而且那时我已经离开了。

然而，我还是不能不看他们。我发现自己好纠结，从来没有这样，虽然我总是试着照顾别人，并试着让别人感觉不到我的照顾，但有时候也会不计后果地做很多事情。而这次实在不同：我面对的是孩子，他们几乎没有反抗的力量，甚至连反抗的勇气也没有。

其实人总是这样，特别是我们这样的人，总是会不由自主地同情弱者，面对那些孩子，我们唯一能做的就是去爱他们，而且不能伤害

他们。

　　我用余光扫了一下我们班的那些小孩，他们聚在院子的一个角落，一起闹着，也有的在看着我。那种目光，像是在问：刘老师明天还会不会来给我们上课？刘老师什么时候走？刘老师还会再来看我们吗？一瞬间，这一个月来跟他们在一起的瞬间不停在脑海闪过，是下意识的，但也许是主动的。我希望牢记再牢记这些瞬间，这种真挚和美好，将会是我今后一段时间生活的动力。

　　我还是没有看他们，但我的心分明很痛，这种纠结、伤感的离别，是从来没有过的。从初中、高中，到大学、研究生，数次毕业、数次离别，从没像今天这样伤痛。那时候，我们醉过、哭过、笑过、拥抱过，我们在倾盆大雨的海滩上踢球，然后一起跳进大海，但我们还是没有伤感，因为我们知道我们以后还会见面，不管是约好的还是邂逅。然而这次，我想，如果我不主动再来看这些孩子，我永远不会再见到他们了吧。

　　孩子们终于按捺不住了，他们怕我就这样离开。直到后来我才知道，他们中的很多人都给我准备了礼物，他们想给我，所以一直没有离开，一直在寻找机会。

　　或许是他们商量好了的，或许不是。班长走过来跟我说，一个小朋友哭了，让我去看看。我知道这个孩子，家访到过她家，是个很开朗、朴实的女孩，家里条件一般，成绩也一般。我走过去看着她，小姑娘哭得眼睛红红的。我一句话也没说，因为我知道，这时候说什么都是多余的。我想如果他们还没哭，那么我可以高谈阔论一番，转移一下他们的注意力，耗掉剩下的时间，直到我们离开，他们也许就不会哭了。

　　但是，现在她已经哭了，我真的有些束手无策。我特别怕别人哭，特别是女孩子，不知道如何去哄他们。我想常用的大概也就两个办法吧，一个是若无其事地戏谑，但这适用于熟悉、细腻的人；另一个就是晓之以理动之以情，但我感觉这个并没什么效果，因为人一旦哭起来，

同学们的家

哭的原因就不那么重要了，重要的是他想哭，什么伤心事都会涌上来，即便没有涌上来，也会去把那些伤心事翻出来，让自己哭得更酣畅淋漓一些。这只是一种倾诉、宣泄，跟逛街、吃东西没什么区别。

我还是什么都没说，默默地看着她，小姑娘悄悄地从书包里掏出一个小塑料袋，里面装满了用纸叠的小船、星星、鹤……"刘老师，送给你"，我能看到孩子眼神里包含的内容，孩子不愿意让别人看到她给我送了东西，也不愿意让别人看到送的是什么。小女生自尊心都很强，怕老师不喜欢，也怕同学们笑话。

其实，我想对孩子们说，我真的不需要你们送我什么东西，我不缺什么，我只缺朋友。

可是，孩子们的一份情，我又如何拒绝？回来的路上，在颠簸的汽车上，我小心翼翼地打开袋子，里面有个小纸条，大致是说，不希望我走，希望我能再待一段时间，没有钱买贵重的东西，只能叠一些东西给

地震后的山路

我……我又小心翼翼地把袋子包上，顿时觉得有些沉重：我拿什么来回报他们呢？

一个孩子哭了，一群孩子哭了，全班的孩子都哭了。我有些措手不及，同伴们在催我回去，可我实在舍弃不了我的孩子们。我必须尽快控制局面，于是我说我们一起唱歌吧，唱一首老师教给你们的《朋友》……

"这些年，一个人，风也过，雨也走……"

我再也控制不住自己的情感，眼圈里泪水肆意回旋，此般情形下，失声大哭是最享受的事情了，然而我绝对不能，我需要控制局面，要让孩子们停下这份伤感，开开心心地回家吃饭。

我不忍心看着全班的孩子在院子里哭泣，特别是不愿让别的老师看到，于是我把他们领进了教室。没想到适得其反，到了教室里，孩子们的哭声越来越大。我又想出了另外一个办法，给他们每个人撕了一张纸，让他们把自己家里的电话给我写下来，说老师以后会给你们打电

上学路上的同学们

话。是的，这个时候最好是让他们有事情做。

这一招还真的有效，但我绝对不能停下来，我必须继续鼓动他们，但这实在不是我所擅长的，我当时真的有些小残忍，希望能继续沉浸在这种气氛中。

我好希望我的同伴能及时出现帮我解围，但我知道，他们也很伤感，他们也在思念自己的学生，他们没有来打扰我。

突然间有几个孩子冲上讲台，什么都没说，把礼物放在讲台上就回了座位。我清晰地记得，有一个学生送了我一个笔记本，有些发黄，分明是家长或者亲戚送给她，一直没舍得用，而她却给了我。那一刻我有些嫉妒教师这个职业，能够得到这么多人的爱戴；那一刻，我希望自己以后能成为一名教师。

但对待孩子，有时候就是得强硬起来……

还没有来，我们坐在路边等车，像是瘪了气的气球，也像是散兵游勇，孩子们吃完饭从家里出来，气氛明显轻松了很多，我也若无其事地逗他们玩。我觉得这才是正常的状态，希望他们每天都这样，童年也本该这样，开心，无忧无虑。

我们的车开了，我回头看看车窗外的他们，还好，他们已经坚强。

回到北京后，每天晚上都能收到孩子们的短信或者电话，有的是背着家长偷偷打给我的。电话里也许没有太多的话说，我只能一遍一遍地嘱咐他们要好好学习，要走出大山。我不能确定孩子们能在多大程度上理解或明白我所说的，但这是我对他们最大的希望了。

回到北京之后，我一直在想，我对不起这些孩子，他们太脆弱，他们必须变得坚强。我们走后，在这一两年里，或许还会有一个、两个，甚至无数个志愿者团队将出现在他们的课堂上，但短暂的欢乐，总伴随着离别的惆怅。

这样的感受不该是孩子们的生活常态。

最后一天的家访

李广鑫

中国农业大学本科生，2009 年志愿者

现任北京欧亚德弘国际教育咨询有限公司市场部总监

3月25号，给孩子们上课的最后一天，我没有对自己食言，一早去了照相馆之后便只身出发家访。本来我以为能赶在孩子们午休之前到学校，可是没想到司机一路等人带人，到学校的时候已经十二点，孩子们已经放学十分钟了，我只好找还没有回家的同学带我去家访。我第一个去了Mary（我用英文给学生起了名字）家。不出我所料，十分破旧的两间土坯房，一间是厨房，一间摆着两张床和一个小桌子，她的父母简直腼腆到不行。我去了之后自己找凳子坐在屋子里，过了一会儿她妈妈来陪我坐。我抓紧时间把Mary表扬了一番，又鼓励了一番，意思就是一定要好好培养她，不能让她荒废学业。我这么说是因为她有个弟弟，一个贫穷的农村家庭，一个女儿一个儿子，很容易想象会发生什么事情。我不想看着Mary演出辍学打工供弟弟上学的"感人大戏"，可是我也没有办法左右她的命运，只希望她的父母能明白我的良苦用心。

志愿者李广鑫在教同学们操作电脑

课堂上的老师和同学

之后Mary带我去Ann家，能感觉到Ann的父母明显要开朗得多，也对我热情得多，又是看茶又是让座；她的父亲在别人家盖房子，也被她妈妈叫了回来跟我聊天。她家也已经打下了地基，可是因为砖太贵，到现在还没有动工。这个孩子我并不担心，简单聊了两句就让她带着我去下一家……又走了几家，可是因为太晚，学生们都回学校上课了，只是见了几个家长简单聊了几句，大意也无非是让他们重视孩子的教育，不要让孩子辍学。但每走完一家我对自己就越没有信心，因为我越来越感觉到，不是我一句话就可以改变他们的现状的，孩子们能不能一直把书读下去，也不是仅仅取决于家长的意愿……

回到学校，路上遇到杨思源、曹盈，他们是我四年级的学生，两个特别活泼的小女孩，一点都不怕我，见了我就到处疯跑不和我说话，我追不上也抓不到她们，只好作罢。很多学生已经到了学校，他们午休时间很长，所以很多人已经把作业写完了，看到我来了，便把我围在中间和我聊天。孩子们都知道我是最后一天给他们上课了，他们买了很多东西，有音乐盒也有瓷杯、笔记本等等，把我的书包塞得满满的，我没办法拒绝。虽然我很不希望孩子们花钱给我买东西，可是我知道孩子们的感情需要通过送给我礼物来表达。

最后一节课，给四年级的孩子们讲了下我的经历，有的孩子听不下去开始溜号，但大多数孩子听得十分认真。我知道我讲的很多东西他们是不感兴趣的，但我希望我的经历能给他们激励，从而带给他们希望。虽然我没有时间把道理给他们掰开揉碎，但真的希望孩子们能体会到我的这片苦心……

在六年级开了个音乐会，找了很多孩子上来唱歌，我自己也唱了几首；他们有些放肆，不过我也不再过多要求，毕竟是最后一堂课，我应该让他们把感情发泄出来。最后全班一起合唱了《同一首歌》和《北京欢迎你》，很多孩子哭了，庆幸的是我忍住了，我迅速离开了现场，"逃往"校长室。

没有引发更大的送别场面，因为我知道自己现在的"功力"只能控

上学路上

课堂上的我

制这一小会儿，我怕我的鼻子会再次发酸。

　　时间总是那么快，又有很多事是那么无奈，即使我那么不舍，我也必须要离开。坐车离开时，孩子们送别时的弱小身躯，孩子们挥动着告别的手臂，孩子们不舍的眼神都让我的眼睛充满泪水。一直忍着的泪水流了下来，总以为一个男人是不容易流眼泪的，但当这样的情感积蓄起来，我真的无法控制，只能让眼泪肆意流淌。

　　这段支教的日子是我生命中十分重要的一段时光，让我感慨万千，感悟良多。我在那里做了我能想到的一切，我没有怀疑过自己虚度了那段时光。但这次支教之行还是让我留有遗憾，我们作为这个社会很小的一部分，能做的到底还是那样少。在文县的那一段日子让我深切地感受到，提高他们的教育水平是那么重要。要想让文县的孩子，甚至是全中国贫困的孩子都能享受到很好的教育资源、很好的生活环境，还需要这个社会的共同努力。最后，我想呼吁这个社会，人人都献出一点爱，为生活在那样条件下的孩子们多尽一份力吧！

山水情深

李文明 ·

北京大学 2011 级本科生，2012 年志愿者

　　不知不觉已是支教活动的最后一天。恰似学校门前的一江绿水，汩汩逝去，带着清澈的回忆与一圈圈漾起在心头的涟漪。

绿叶

午睡醒来，多了一种朦胧的悲伤，离别总会让人这样。我爱上了这里的山水柔情，云雾缥缈；爱上了天池的一汪碧翠，静如止息；爱上了扬汤河哗哗的声音，充满了梦幻；爱上了那一隅没有灯光的夜空，宁静而空灵，群星闪烁，勾勒出夜的想象。我爱上了这儿的孩子，天真、热情、顽皮或是些许羞涩；爱他们红扑扑的脸颊，那种千米高度才会拥有的由内及表的朱红；爱他们独立的生活，一间陋室，一席小床，一个人洗衣、做饭，坚守着学业、梦想和未来。我爱上了那三尺讲台，一支粉笔；望着一双双好奇求知的眼睛，听着他们天真却是无比精彩的幻想，耳语那方他们未曾听闻的世界，爱上我们一起时这一场场穿越时空的想象……

我从未曾知道我是如此爱过一个地方。

9天时间，白驹过隙。真不知道我给了他们什么，或许什么都没有。我不知道，与他们谈起的人生与理想，对于他们的青葱年纪，是否显得过于晦涩；我不知道，教予他们的物理世界，是否显得过于深刻而难以理解；我不知道，我在他们的记忆里，是否只是一颗黯淡的流星，只是在那么短短的一瞬出现在他们多彩的世界里，然后隐于乱石之中；我甚至不知道，离开以后，我们是否就成了路人。我没能记住他们所有人的名字，没能记得他们各自的面容，甚至我都不曾跟他们每个人说过话。然而，我确实希望他们能够记得最初的梦想，希望有人能够爱上我深爱的物理世界，就算我只是他们璀璨星空中隐没于草野的一颗陨石。

9天支教，15天的旅程，我真的收获了很多，纵然旅途劳顿，此行值得。谢谢亲爱的孩子们，给了我无尽的欢乐；谢谢亲爱的队友，给了我真诚的友谊；谢谢可爱的乡亲，给了我们最热情的帮助；谢谢这一方山水，给了我一个最真实的自然……在生命的画布上，我们描绘着各自的图画，很高兴有这么一抹灿烂的颜色，收藏着一段思索，一段感悟，一段欢乐而淳朴的记忆。有同伴曾问我此行的目的。我说不清，其实直到今日我仍旧说不清，只是心中有那么一份不明所以的冲动，想要去一个地方，去接触一群孩子，去寻求一份城市之外的安宁，一份遗忘已久的童真。我知道我没有来错，也许正因为如此，才觉得更加不舍……

在短暂生命灿如烟花的交集里，谢谢你们带给我的美好回忆。这以后，我们中的绝大多数，将要由此点走向各自的命运；也许我们会一路相随，一起问候最后的结局；也许就此别过，天涯两隔……无论我们选择怎样的道路，希望大家，一路走好！

文县的月亮

写于两年后

不曾发觉时间已过去两年多，翻开当年我们的相册，记忆便如潮水般倾泻而来。从衣柜里翻出了那件印满我们名字的队衫，一点点找到队友的位置，那些音容笑貌又浮现在脑海。两年了，过去的队友如今有的已经远在美国。然而，无论身在何方，我相信，我们对于那段经历都怀有同样深沉的感动。那辆载着我们的"T字头"里，摇晃着我们不曾磨灭的记忆。

两年了，那些孩子有的应该也上高中了，有的或许已经开始了他们的第一份工作。那个时候，我们建起的 QQ 群里，还时不时收到来自孩子们的问候，往往只是一句：哥哥姐姐们还好吗？这已足够让我泪眼蒙胧。从那些单纯的问候里，我知道他们还是那么可爱天真，或许只有时间变了，那份纯真的情怀永远留了下来。

永远惦念你们

——来自孙老师、锡铭哥哥

孙锡铭

北京林业大学 2010 级本科生，2012 年志愿者

　　我从没想过我会成为一名老师，但在机缘巧合下我参加了"百人计划"，成为赴文县支教的一名志愿者。我犹豫过，我想过放弃，但我很庆幸自己能到文县，能拥有一段我永生难忘的美好经历。

　　记得当我们走进教室那一刻，爆发出雷鸣般的掌声。我把中午精心准备的自我介绍发言稿给大家朗诵了，引来又一阵掌声与笑声。我知道在接下来的日子里，我将和他们共同学习，共同进步。在文县，我知道了老师是有多辛苦，才讲了一下午，嗓子就感觉很不舒服，说话声音有些沙哑。每每听到你们有人早晨 5 点钟起床自己做饭吃、家庭贫困买不起文具这样的经历，我就很心酸。与你们相比，我是幸福的。我有优越的生活条件，有时却不懂得珍惜。我喜欢教你们，恨不得把我所知道的一切教给你们。我喜欢拖堂，我希望在这短暂的支教时间里，每分每秒都献给你们。我喜欢让你们晚上来我们宾馆补习，大家克服着身体的疲

悫一起解答疑惑。我喜欢每天熬夜备课，虽说每天规定的上课时间只是下午的两节课，但我们一天都在忙碌。为了讲课更有效率，志愿者们早晨一起床就忙着备课。遇到不懂的问题，还要请教其他老师。虽然好累好困，但一想到明天给你们上课时的场景，心里却是美滋滋的。我喜欢给你们唱歌跳舞，虽然我知道自己五音不全，跳的舞更是乱七八糟，但是我愿意为了你们去练习，你们的笑声是对我最大的奖赏。在这里我愿意放下平时的严肃、认真，变得搞笑、"无节操"，我想做个小丑带给你们欢乐。我更喜欢你们，我的亲人，我的学生，因为你们我才能有了这么一个有意义的暑假。

我感动于我去商店买东西时，老板一听说是支教的老师，立马给我竖起了大拇指。我感动于大家每次热烈的掌声。我感动于送同学们回家时，他们请我吃的美味冰激凌。我感动于我们去九寨沟玩，深夜你们在宾馆门口冒着雨等我们回来。

临走前，带队老师给我们一天自由活动，我们来到了附近的九寨沟游玩。从九寨沟往回赶的时候已经是晚上 8 点多了，夜色已经笼罩了一切。突然我的手机有了一条短消息，上面写道："老师，你们什么时候回来？我们在宾馆等你们。"此时距宾馆还需要两个多小时的路程，回去也要到深夜 11 点多了。我发短信劝他们回家，但他们坚持要等。走到半路时，天下起了蒙蒙的细雨。我再次发短信让他们不要等我们了，赶紧回家，但他们还是不肯。雨开始越下越大，车在山间穿行。雨天，在这么危险的路上行驶，已经让其他人提心吊胆。但此时的我已经顾不上这些，只希望车能开得更快点，早一点到宾馆，不想让他们多等一分一秒。到了文县，雨也停了，我要求司机师傅带着我马上往宾馆走。到了宾馆，我赶紧往房间跑去，发现没有一个人。满心欢喜的心情一下子跌到谷底，突然间，我发现房顶上有一群人在嬉戏打闹。我又飞速赶往屋顶，上去之后，发现同学们全都在屋顶。大家看见我的时候，每个人脸上都洋溢着灿烂的笑容，对我说："老师，你可回来了，等死我们了。"那一刻，我无比心酸。我感动你们用微薄的零花钱给我们买礼物，买特产，买西瓜。王杰的礼物我一直没舍得拆开，我不想破坏每一部分。我感动于每分每秒和你们在一起的日子。

时间转瞬即逝，当得知明天是支教最后一天时，我迷茫了，我失落了，我马上感觉到了离别时的伤感和痛楚。当我得知这个消息时，我真的好想哭。虽说男儿有泪不轻弹，但还是情未到真切时。短短的几天，我感觉我与他们已融为一体，我舍不得他们。虽说有些同学我还没有教到过，但我已经把高二8班当成了我的一个家。坐在草地上，我陷入了沉思之中，回忆着这几天的点点滴滴。晚上，好多同学到宾馆来找我们玩。大家一起做游戏，一起唱歌。此时此刻，不再有老师和学生，只是一群年龄相差不大的伙伴在享受欢乐。

最后一天的早晨我接近4点才睡，因为班上我还有许多学生没教过。我不想带着遗憾回北京，我决定要给全班讲一次课——最后一堂课。6点钟自然醒，这可能是我有生以来第一次睡这么短的时间，我竟然没有一丝困意。早自习我赶到班级，用我精心准备的电子书给大家上这最后一堂课，这堂课的题目是：我们永远是一家人。讲完以后，大家给了我雷鸣般的掌声。掌声过后，随即而来的是一片寂静，仿佛空气在这一刹那都静止了。大家睁着大大的眼睛注视着我，此时此刻，我好想哭，但我不想让他们看见我落泪的场景。我连忙说："没事，大家自习吧。"一向听话的他们却没有按照我说的做，依旧默默地注视着我，好像知道我要哭了似的。我赶紧蹲下来，躲在电脑柜后，避开他们犀利的目光。我真害怕忍不住在他们面前哭出来。俗话说男子汉大丈夫，流血不流泪。我觉得还是情未到。躲在电脑柜后，泪珠终究忍不住夺眶而出。下课铃声响起，我飞速跑出了教室。

下午举办联欢会，中午去超市买了各种各样的零食，还有一件秘密武器——喷水枪。中午一到教室，吃惊地发现桌椅都靠墙摆放得整整齐齐，全班60个人一个也不少。更令他们没想到的是，等我缓过神来，就用我手中的秘密武器攻击他们。紧接着，尖叫声，笑声一浪高过一浪。同学们精心准备的节目让我们捧腹大笑，好开心！和他们一起做

"你们好！"

游戏，仿佛又回到了两年前高中生的日子。幸福的时光总是很短暂，讨厌的下课铃声响了。学生们要为我们唱最后一首歌——《相亲相爱的一家人》；虽然带队老师今天再三强调不要拖堂，晚上要和学校领导吃饭；虽然我知道作为队长，我要起表率作用，虽然我知道我会被老师责骂。但与你们在一起的最后时光相比，什么都显得不重要，什么都是浮云。唱着《相亲相爱的一家人》，回忆着这几天支教的快乐时光，两只眼睛再也包裹不住泪水，眼泪哗啦啦地流了下来……我哭了，我夺门而出想守住"男儿有泪不轻弹"的尊严，但是我不愿在这最后的时候放弃与他们在一起的机会。望着学生们脸上的泪水，让我觉得我是天底下最幸福的人。支教的其他队友，其他班的学生看见这幅情景，都投来了无比羡慕的目光，因为我们是相亲相爱的一家人。

走的那天凌晨，学生们来送我们，满脸是说不出的不舍和留恋。我心里下定决心以后一定会再来文县。与他们一一拥抱后，伴随着漆黑的夜色，我们出发了。

在回家的路上，一个个短信关怀的问候，让我更加思念我的学生。

回到学校，一上 QQ 就有学生们的声音，仿佛他们还陪在我身边。和他们聊天，我已不再把自己当成一名老师，只是他们的一个大哥哥。有学生写了一篇很动情的日志，让我更加思念文县；七夕节送给我的祝福，让我一个人的情人节多了那么多的温暖和甜蜜。学生们写给我的邮件，实习时舍不得看，一直忍着忍着，忍到晚上回宿舍，忍到熄灯时，忍到其他人都睡觉时。静静的夜里，听着《快乐与忧伤》，看着他们用自己真情实感写下的每个字，好感动！最幸福的时刻莫过于此。

　　快开学了，我们都将迎来特别忙碌的日子，但是我永远会在远方惦念着你们。最深的不是海水，而是我对你们浓浓的思念！他们现在是高二，正在追逐自己的梦想，明年将迎来他们人生非常重要的一个节点——高考。明年我将大四，也迎来我人生的又一个节点。我们都有梦想，让我们一起去追逐我们各自的梦想，我也会为了他们更好地努力，为了他们更好地去拼搏，相信我们终有一天还会相见！

离别·回忆

穆源朝

北京航空航天大学 2011 级本科生，2012 年志愿者

2012 年 7 月 31 日清晨，是我们离开的时候了。离开甘肃文县，这个我们渡过了 10 天，240 个小时，14400 分钟，864000 秒的地方，离开那群我们教过的，一起学习，一起玩耍，一起谈心的孩子们。

在离开文县前往广元的路上，带队的张帆老师组织我们唱起歌来，希望我们克服睡意，再看看文县最后一眼。而我此时的心情也不知道该用什么词来形容，五味杂陈，只管把头靠在窗上，无力地听着他们的欢笑。当《老男孩》的歌声响起，不知怎的，自己的眼泪就再也抑制不住地往下流。为的是这些天来和这群孩子们的相处，为的是这些天来和二团三队所有成员结成的深刻的友谊，为的是这个暑假自己的这一段不平凡的经历，以及所有说不出的情感。脑海里浮现出这些天来发生的一幕一幕……

我清楚地记得，支教第一天，当我问到班里孩子们他们对高考的预期成绩与理想的大学时，他们的一脸茫然。或许是对于我的陌生感造成

他们一时的拘谨，或许是这个问题太突然以至于他们没有想好如何回答，但我觉得更重要的原因是他们缺乏自信。他们是平行班的孩子，可能真的和实验班有差距；但我告诉他们，人生来是没有差距的，造成差距的原因就在于你后天是否付出了如同他人一般的努力。课后我留下了自己的联系方式。当得知我第二天不能再给他们上课时，他们遗憾的表情使我知道我已经成为他们的朋友。我说晚上可以到我们的住处去补习功课，他们的欣喜又让我感受到他们的天真、质朴与纯洁。他们充满对学习的渴望，只是没有机会享受到与其他同龄城市孩子相同的教育资源。

这一天，我暗暗下定决心，在接下来的几天里，我一定要通过自己的努力，让孩子们树立起生活的理想，明确自己的人生目标，让他们不要对高考、对未来失去信心！

我记得那些孩子们写有自己理想的纸条。

我一直觉得，人是要有理想支撑的。每一个同学，我都希望他们写下自己的理想。看着他们在课堂上认真思考、慎重动笔的样子，我越发觉得自己的决定是对的了。

最初的梦想

下课后回到住处，一个个翻阅他们写下的理想，真的深受感动。医生、教师、军人、音乐家、画家……虽然理想各种各样，但是从这些文字中，我看到了孩子们坚定的信念。有很多孩子都想要通过自己的努力来改变家乡的面貌。我真的希望他们能在高三这一年的时间里，朝着自己的目标，一步步地前进。

我还记得课堂上的歌声。

在好几个班，我都会教孩子唱《最初的梦想》。这是很老的一首歌了，但是很适合高三这个年级，因为它很励志。我希望他们能够像歌中所唱到的那样，在高考、在成长的道路上，不论遇到什么样的挫折和打击，都能够不放弃自己的梦想。

在有一个班，快要下课的时候，班长号召大家说，咱们一块唱首《朋友》吧，于是全班就在班长的带领下唱了起来。"朋友一生一起走，那些日子不再有，一句话，一辈子，一生情，一杯酒。朋友不曾孤单过，一声朋友你会懂，还有伤，还有痛，还要走，还有我……"是的，短短的一个下午，我们可能不能教会他们什么，但就是这几个小时，却可以使我们成为朋友。

还有和孩子们晚上的谈心。

白天的课堂上，很少有时间和孩子们谈心；晚上在我们的住处，才会有这样的机会。我觉得只有走入这些孩子的内心世界，了解他们的问题，才能够真正给予他们帮助。有时在与孩子的交谈中，我的心情是略带沉重的。他们中的大多数在初中时成绩都是比较好的，家里也很看好。而进入高中后，由于对于新的知识体系、学习方法不适应，或者由于离开家人的悉心关怀，再加上高一高二有些荒废学业，成绩也就一点点下降了，他们也逐渐丧失了对学习的兴趣和对自己的信心。当谈及高考，很多人只是无奈地摇摇头。那时的我，一时语塞，似乎找不出其他更好的话语让他们树立起信心，只能说出一些"坚持、努力、不后悔就好"等毫无生命力的苍白的语句。我告诉班长，要从他做起，带头努力，调动起整个班级的学习氛围，他也坚定地点了点头。

好多人的情况都是类似的，我想他们最需要的，是来自老师、来自朋友、来自家人的一点关爱。支教的志愿者能教会他们的东西也许不多，但我觉得最重要的其实是通过我们每个人之口，传递给他们一种信念，让他们重新树立对于学习的兴趣，对于高考、对于未来的希望。

当然还有这些天一起陪伴的队友们。

每一个人都是倾注了百分之百的心血，希望把这次支教做好。

同队的金晶同学由于水土不服，刚到文县的第一天就发了高烧。这可急坏了我们，送医院，打吊瓶，吃药，大家轮流负责照顾。不等身体完全康复，她也要坚持去和孩子们在一起。

每一天晚上，大家都会在我们住的院子里给孩子们辅导功课。送走孩子们之后，我们还会准备第二天上课的内容，基本上大家每天都是到了凌晨一点才会休息。

记得离开前一天的晚上，辅导完功课后，队长小铭带着他所在班级的其他几名"小老师"，为第二天课上的表演而努力练习舞蹈 *Nobody*，给大家带来了很多欢乐。他的体型是最不适合跳舞的，可是他的动作却是最标准的。透过每一个动作，都能看出他的执着与认真。

离别前的最后一个晚上，有好多学生过来为我们送行，好多人早早就到了我们的住处。这一晚大家聊得很尽兴，玩得也很欢乐。这一晚，空气中弥漫的味道，除了欢乐，更有不舍。送走最后一批学生，已经是 11 点多了。洗漱，收拾行李，不知怎的，这一晚，我翻来覆去难以入睡。

7 月 31 日，凌晨 4 点半，起床，把所有东西都塞进了箱子。5 点半集合。严重的睡眠不足让我早上起床那会儿特别难受。要上车了，眼泪依旧顽强地没有掉下来，只觉得男生还是得坚强些，现在竟然有些后悔了。客车缓缓地开动了，看着窗外路灯下他们的身影，挥挥手，再见了……再见，孩子们；再见，文县一中。但是我们清楚，对于他们，对于这个地方，我们可能再也没有机会见到了……

　　这次的支教活动暂时告一段落了，但是这并不意味着结束，也远远不会结束。还有很多地方比文县还要贫困，还有很多孩子渴望着得到帮助，他们渴望获得知识，走出大山，告别贫困。这是我们的责任。前方的路，依然十分漫长。

两方的象牙塔

马海超

北京大学 2010 级本科生，2012 年志愿者

　　本科四年已经快要走到尽头了，站在大学的尾巴上回想四年生活的点点滴滴，有很多美好的回忆从脑海中涌现出来。那些年、那些人、那些事是如此难忘和美好，让我常常感动、常常珍惜。在这四年的生活体验中，参加 2012 年暑期的"百人计划"支教活动无疑是最独特而难忘的经历之一。说它独特，是因为那是我迄今唯一一次去到祖国的西部山区参加社会实践；说它难忘，是因为在那次活动中结识的小伙伴们都那么可爱，至今仍给我的生活带来美好的回忆。

　　由于专业原因，我对中国大学生环境教育基地有一种自然而然的亲切感。犹记得，两年前的那个春天当我偶然间在三角地接到"百人计划"的传单时，便在心底萌生了向往，加之文县悠久的历史文化与没有被打扰过的自然的纯真的吸引，我便不顾一切地投入了支教的队伍中。

　　经历整整一天的火车硬座旅程，我们的大部队在一个凉爽的下午抵达了川北的广元市。当晚我们入住广元当地的一家酒店短暂地休整，第

我们的队伍

二天一大早就乘坐汽车离开广元北上前往陇南文县。一路上，巍峨连绵的大山、蜿蜒曲折的山路和白龙江的滔滔江水吸引了我们的目光；远离了大都市的繁华和喧嚣，这里的绿水青山令我们感到心旷神怡。

汽车在群山之间穿行了半天之后终于抵达了小城文县，犹记得到达文县的当天我们都很紧张。其一是由于当天天气预报有大雨，甘肃当地的气象部门发布了橙色预警，而文县县城地处山区，容易发生滑坡、泥石流等地质灾害，所以我们初来乍到都怕会遭遇不测；其二是由于第二天我们就要去学校和孩子们见面了，感觉十分忐忑。然而，既来之，则安之。一场雨把群山洗涤得愈发青葱，山里的夜晚非常宁静，我们在宾馆里重新操持起高考复习资料开始备课。第一次和文县一中的孩子们见面令我印象深刻，无论是老师还是同学都十分热情，我们去班里的时候正值课间，孩子们聚集在走廊里"围观"。第一次见到这种"大场面"，我们都有些受宠若惊。站在讲台上向孩子们做自我介绍的时候，他们一个个都聚精会神地仔细聆听,从眼神里我可以感受到他们的崇拜和期待,当然也提醒我不能让孩子们失望。

我们的课外辅导采用兴趣小组的形式,我的英语小组和"小王子"的生物小组、彪哥的数学小组在一间教室里,我们三个人每人的周围都围了十来个孩子,他们认真地听我们讲解。不得不承认,我们进入大学后对高中知识已经有所生疏,很多知识点我们也拿不准,但孩子们还是给了我们很多热情鼓励和支持,几天来听课人数并未减少,而且还出现了几张新面孔。这座大山里的县城几年才能有一个学生考上重点大学,北大对他们来说几乎是遥不可及的梦想,如今面对眼前的北大"小老师",孩子们的求知欲一下子被激发出来了,经常在课后缠着我们讲讲北大的生活。更令我们动容的是,有些孩子每晚主动到我们的住处要求补课,刚开始只有两三个学生,到后来人数越来越多,房间里已经容纳不下,我们只好在院子里摆上桌子和凳子,在充电台灯下面和孩子们一起遨游知识的海洋。"晚自习"一般在九点钟左右结束,晚上的县城很冷清,出于安全考虑,每晚我们都分批护送孩子们回家,也因此通过一路上的聊天对他们的生活有了更多了解。久而久之,我们这些"小老师"和孩子们越来越熟悉起来,大家不仅是课堂上的良师益友,也成了生活中的小伙伴。有时下午的课结束得比较早,他们会主动邀请我们一起打篮球、踢足球。有时候晚饭后,他们带着我们夜游县城,到江对岸的广场上乘凉、唱歌、跳舞。有孩子问我们怎么解决伙食,得知我们一日三餐都在学校食堂里面吃红油凉皮和臊子面后,对我们报以深深的"同情",第二天就从家里带了醪糟汤圆给我们吃。还有孩子正在参加校庆的节目排练,邀请我们去参观他们的舞蹈团,在那里为我们表演了精彩的街舞,让"小胖子"忍不住也秀了一把他自创的"抖肉舞"。可爱的同学们主动加我们 QQ 好友,也留了联系方式,至今还不时和我们联系。

临行前的最后一天下午,我们都特别伤感,因为短短的 10 天过得实在太快了,感觉刚刚融入这里的生活,马上就又要说再见。最后一节

课，我特意做了一个 PPT 向他们介绍北大生活，还教会他们唱《燕园情》。每个人的告别感言都非常伤感，短短的十来天时间非常短暂，给他们带来的帮助也十分有限，相比于知识上的提高，我们更希望能让这些孩子们看到大山外的精彩，走出大山，拥抱外面的世界。最后，我们为孩子们合唱了一首 *Take Me to Your Heart*，并和他们合影留念。告别晚宴非常丰盛，文县一中的校领导在当地最好的一家饭店宴请我们。我记得非常清楚，那家饭店叫做"森林雨"，以川味火锅闻名。吃着火锅喝着小酒，在文县的那些日子真是令人留恋和怀念。

在宾馆的最后一晚，我们开始收拾行李，也收拾心情。仍旧有不少孩子前来和我们道别，一个常来我的英语小组听课的白马藏族小姑娘送给我一顶精美的尕乃帽作为礼物，一个"晚自习"常来找我补习英语的叫雪儿的女孩送给我一个自己制作的笔筒。东西虽小，但凝聚了同学们对我们真挚的感情。

第二天凌晨天刚蒙蒙亮的时候，我们就坐上汽车离开文县了。一大早竟然还有孩子们前来和我们道别，在登车前上演了感人的送别场景。汽车沿着进出文县的唯一一条公路驶离县城，两边的青山依旧凝重，滔滔的江水不停低吟，透过车窗看着渐渐远去的县城，我心里知道这次告别之后也许再也没有机会回来。那些可爱的孩子们，也许以后不会再次见到，但在我们的心里，他们永远是最美的。

在象牙塔里生活得久了，很容易忽略外面的世界那些需要帮助的人。北大学子们都是为人仰慕的天之骄子，头上笼罩着耀眼的光环，但那些大山深处的孩子们，他们也同样渴望着象牙塔，渴望着拥抱大山外的世界。

可能有一天，我们这些微不足道的正在慢慢离开象牙塔的志愿者的话语，已经被这群正在慢慢成长的孩子们忘却，但是，终将会走进象牙塔的他们，却永远奔跑、生长在我们的心里。

回忆那时，不忘信念

张雨萌

中国农业大学 2012 级本科生，2014 年志愿者

转眼已离开文县一中一月有余，每天忙完手头的事，内心沉静下来，还会想起在文县一中那段最美好温馨的时光。

初到文县一中，看到崭新的校舍被绿得有些苍凉的荒山包围着，我内心更多的是忐忑，怕因为自己把高中知识都遗忘了而耽误孩子们假期补课。

七点起床已经成为我固定的生物钟，七点半早餐，九点备课室备课，十一点半赶去在孩子们放学前吃午餐，再回宿舍备课、睡觉，然后就是每天最开心的事情——给孩子们上课。

我觉得自己老师当得很差：他们问的题目，有时我解不出来；他们让我讲的故事，我讲得多了也会开始埋怨他们不想学习；他们要我带他们玩游戏，很遗憾，因为我记错了于是在三班玩过两遍而遗忘了二班。我问他们，你们是不是都不喜欢我呀？他们认真地说萌姐我们都特别喜欢你，你能给我们别人给不了的感觉。有个女孩子认真地说："萌姐，

我想成为你这样的人。"我问，为什么？她说，喜欢听我讲大学的故事、高中的故事；她说喜欢看我上课写板书时认真的背影；她说，学姐，我会去北京找你的，记得我们的约定。

临走之前我告诉大家，可能随着时间的流逝，慢慢地，你们会忘记我的样子，会忘记我的名字，甚至会忘记我们相逢时对你们所说的话：不求你们记得我，只求你们能永远记得此时此刻你的这种感觉，和此时你心中的信念，这样我们做的一切都是值得的。

我永远也忘不了在三班上的最后一节课告别说出口有多难，没有预料到的眼泪夺眶而出，真的很不舍，因为感受到被那么需要，不舍得离开。忘不了大家红着眼睛抱着我说我一定会去找你，忘不了你们的眼泪，忘不了我们一起唱的《倔强》，忘不了你们在我留的联系方式上画的大大的爱心，忘不了我们全班一起擦着眼泪沉默着去吃最后的晚餐。小孩才讨厌离别，大人只计划重逢，相信他们一定会坚定信念。我想说，北京见，孩子们。

带着对最后一晚的感动和回味，没有勇气挥手说再见，可能再也不会见，我们离开了文县一中。

到现在每天都会收到几个同学的 QQ 消息来聊天，我一直在想，除了对孩子们的牵挂，我们带回了什么？在这段弥足珍贵的经历过后，我获得了前所未有的力量，这是一种让使我不再有借口停下奋斗的脚步、使我无法让自己在脱离社会的自我满足的单行路上继续前行的力量。我想，这种力量叫责任，对自己，也对别人。当我们背负了这种责任，我们不会允许自己不优秀，因为只有优秀的人才有能力挑起这个社会的责任。

这段经历已经成为经历，不会再重演，虽然即使是现在也偶尔会有再回到大山中看看孩子们的冲动，但我心里明白，这种冲动会随着时间的流逝和在那段日子暂时与我小别的种种远虑近忧渐渐消失。我想我会忘记那一座座让人厌烦的石头山，忘记那些平凡得让人很难记忆的名字，忘记那一张张曾经每天都让我期待的面容，忘记……但我一直记得我们当时心中的信念和感觉。

支教总结

年雪琦

北京大学 2012 级本科生，2014 年志愿者

这几天北京天气很好，蓝天白云和阳光，总是吸引不少停步拍照的人。

于是想起文县的蓝天，想起我们坐在一中傍晚微风习习的操场上聊天、做游戏，想起食堂好吃的土豆，和教室里埋头学习的学生。

那真是一段珍贵的记忆。

我常"自黑"说，我的语文课就是扯淡课。

讲故事、现代诗，我会给他们讲古代四大美男的奇闻逸事，讲顾城和谢烨的爱情，讲未名湖、博雅塔的故事。有时候会暗暗心急，听了同伴们的数学、化学等课程，都是知识点密集，例题丰富，我这样的讲课方式不知能不能受到欢迎，毕竟他们面临的是高考啊。于是一次讲完课之后在班里做调查，请大家把对我的意见和建议写下来，匿名交给我。后来看到满满的"喜欢琦姐的语文课""勾起了我对语文的兴趣"，开心之情难以言表。

有一个男生，他在生活中是爱运动且话多的孩子，晚上常常主动找我们几个聊天，但流露出的消极和不自信情绪让我们感到惊讶。他说因为家庭问题曾经想过自杀，说家人希望他不要念书了去当兵，他想用死的方式让他们后悔。他说特别羡慕我和我们，在这样好的大学读书，生活得这么充实快乐。前几天，我又收到了他的消息，他踢球时眼睛被砸中，需要手术。他对我说："琦姐，老天怎么这么不公平，我一辈子完了，琦姐，保重。"

面对他的时候，我常常不知道该说些什么好。我是个乐观的人，我的朋友中也没有这样需要我开导的情况。每次费尽口舌把他劝得开心了一些，他说会好好努力的时候，我总是松一口气：这样一个年轻的孩子，心中却有如此多的负能量，实在让人压抑。我联系了他的班主任和年级主任，请他们暗中关注这个孩子。在微信上，年级主任回复了我一句话，他说："是因为看到你们太优秀了，心里难免有落差。"

我也在想，让他们知道这样一个新世界，到底是好事还是坏事呢？

不少学生在 QQ 上跟我聊天，他们说琦姐放心，我会好好学习，我要去北大找你。我查了 2014 年北大在甘肃的录取情况，一共录取 58 人，其中正式通过高考的 19 人，而理科只有 9 人。对他们而言，这是一条那么难的路，而我只能不断地说："加油。"

于是我依然坚信，无论如何，如果我们的努力曾经稍稍打动了这些孩子，如果我们曾改变了他们和他们的梦想，这一定值得。

临走的时候收到了很多信和拥抱。他们大声地说"一中分，北大见"，给我留言"我们是你的翅膀"，给我们唱歌。我收到的信中很多都写着满满的感谢，读信的我却更想对他们说感谢。我付出了一份爱，把它分给你们，却收获了来自那么多人的完整的爱，我是个多么幸福的人啊！

回到北京之后，想起那些抬头看山的日子，真是恍如一梦。

这是一种非常奇妙的感觉。

原本陌生而遥远的地方，却突然和一些具象而鲜活的印象、一群牵挂着的人、一段难以忘记的经历联系在一起，于是似乎那两个字也变得亲切起来，不论在任何场合听到，总会不自觉地投去关注的目光。

金鑫老师曾经在文章里说，在文县做过一次志愿者，一辈子都愿意做志愿者。

这是真的。

某年某日，相见欢

陈 洁

北京大学 2010 级本科生，2014 年志愿者

转眼文县的支教之旅已过去有一段时日了，高陡的山也似乎被抛在了遥远的地方。京城的秋寒早来，我坐在椅子上一张张再次翻读孩子们写下的小纸条，翻阅孩子们在自己 QQ 空间的留言，似乎又回到了热辣的七月，看见了穿城而过的白水江，就感觉心已经在那头打了个桩，总是会被牵动。

"百人计划"是我大学四年来第一次参加支教项目，得知被顺利选中的时候，我既激动又忐忑。在未踏上文县这片土地的时候，我对自己将要有的奇妙行程充满期待。而对我将要面对的学生们，我其实并没有什么概念，只想着，我的目的应该就是这样两个：第一，希望能够通过自己有限的教习，让孩子们听懂，让他们觉得这门课是有用、有趣的，有自我的内在动力继续学下去；第二，就是希望他们能够从我的身上看见一个更为真切的、外面的世界，走出去，去走更远。

　　记得刚开始，和孩子们在操场上聊天的时候，他们问我："出去文县做什么？在顶上望，山的外面还是山。"我有些着急："如果山的外面还是山，那也许是因为我们走得还不够远。"而在每天小组的组会总结，我们总在焦虑孩子们因为吵闹着要看电影是不是对我们的话已经"左耳进，右耳出"，担心孩子们没有听进我们的鼓励和盼望。我甚至会有一种力不从心的感觉，因为我不知道孩子们究竟有没有把我的这份急切记在心中。而想到这儿，我的内心也会有那样一丝的慌乱，因为我不知道该用什么样的方法才是最有效的引导。

　　后来，在自己教习的班里，陆续有孩子给我递了小纸条。有的孩子说，因为我们，她发现同学们这几天都开始 6 点就起床背书了。有一个因为在晚自习玩手机而被我点名了几次的女孩儿说，那晚上她想通了学习是为自己，别人没有必要走了千山万水到一中独独来管教她，她忽然特别想让妈妈看见自己录取通知书时高兴的样子。当她把这些告诉妈妈的时候，她说妈妈哭了，她也哭了，说自己不该明白得这么晚。还有的孩子写道："本来高三就已经要决定退学了，但是在暑假的补习班里，因为你们的鼓励，我要继续读下去。"开学后，这个孩子在我的空间留言说她已经坐在了高三的教室里，尽管不知道选择对不对，但她决心为自己努力一次……仿佛跋涉了很久，忽然看见泉林那样的喜悦，我恍然明白，孩子们都把一字一句记在了心里。

　　在告别那天，我对他们说："想见的人还会再见。"所以忧伤是不足道、也不必要的。但我还记得 11 班唱的那首《北京东路的日子》、13 班男生们在台上的献歌、15 班的《再见》，无一不让人泪流满面。短短半个月，情谊原来已经如此深厚。我一直觉得自己不是一个容易和大家打成一片的人，可是最后那天还是一样泣不成声。想起晚自习时在脚边贴心的蚊香圈、上课时从教室后面传上来的一瓶水、用心叠的小纸鹤，那样的真挚会在今后岁月里的任何时候都让我动容。

　　愿某年某日，因为"百人计划"结缘的我们，都相见有欢。

孩子们送的礼物

我希望在这一群在陇南的、暖心的孩子们有梦想、肯努力，变得越来越好；希望他们能走出去，去看更广阔的世界，遇见更好的人。每每如此激励他们的时候，我也在反思自己：是否虚度、是否足够用力，是否对他们的要求，自己也正在努力做到。

感谢"百人计划"，在让我有幸遇见这些善良的孩子们之外，还结识了亲密可爱的队友们，不会忘记通宵的夜聊、每晚的小组总结、一起爬过的玉虚山、热辣的火锅……一切的一切，都是人生的珍宝。

青山常在

段雨濛

北京大学 2013 级本科生，2014 年志愿者

仿佛才过了两三天，可到文县的时候还是流金铄石，写下这些话的时候却已经是九月授衣——时间已经过了这么久吗？

我是如此感谢上学期那个福至心灵、突然决定去文县的自己。

之前的我们各自在北大里平静地生活着，也有着各种各样的纠结和烦恼，因为各种不同的原因选择在 7 月的末尾来到文县；不过，我们总有一点是一样的，大概都是想用自己的力量，看看能不能为别人带来哪怕一点点的不同。

在文县的时候，我想对孩子们说的话，大多都已经写在我给他们的信里了，写在这里的，是几句其他的心情。

回到北京的两个月，每次收到孩子们的问候，心中都是满满的感动：我知道他们月考了，我知道这次的地理题可真难，我知道那个眼睛大大脸圆圆的姑娘和同宿舍的小姑娘有了一点点矛盾，我知道了那个小胖子原来是今天过生日。我在北京，却有种和他们同喜同悲的错觉；我

在北京，但是他们的心情离我一点都不远。

"雨濛姐，为什么努力了好像还是没有成效呢？"

"想要集中精力可是怎么就是总走神儿呢？"

"雨濛姐，你说，我还有可能考上北京的大学吗？"

……

他们对我的倾诉，我都了解，我都明白，我都清楚，因为他们走的，正是那条我曾经磕磕绊绊走过的路。

我还记得即将要离开的那一晚，你们答应哭着的我要笑着告别，你们给我唱了《再见》，告诉我们彼此都要不回头地走下去，你们送我的小本子上写满了祝福，告诉我我曾经说过的话你们都记得。

我还记得那天满怀伤感地走回宿舍，看到楼下的孩子们在晚风中对我微笑或者流泪的场景。那一晚连教导主任的脸都变得柔和起来，我们在宿舍楼下围成一团，直到深夜，不忍散去。我记得那些坚强冷静的男志愿者们，都红了眼眶。

文县何尝不是我们这些人的桃花源呢？红尘有幸，让我们相遇，同吃同住也有共同的目标和抱负。回到北京，我们又重新投身于无穷无尽的琐碎生活中。

短短几个月，我们之中有的将要或者已经升级为博士生，有的成为别人口中的"大四狗"，有的决定或者已经保研或考研，有的终于脱团，有的师弟师妹升级成了师兄师姐，有的已经奔赴遥远的大洋彼岸，在我们看星星的时候仰头看朝阳。

不过我知道，情谊一直都在，牵挂一直都在。

我做了一个视频，里面用了不少诸如"相识满天下，知交能几人"之类的酸词儿，但是那些都是我想说的，2014 年的夏天，因为有你们变得光彩熠熠。

想说的其实很多，可千头万绪，真不知道从何说起。

时光不与歌事老，昊哥哥、太阳花妹妹、嫂子、队长、大师兄、晓伟师兄、娜娜，还有其他人——我记得和你们共同经历的每一件事，希望在这个夏天来到文县的所有志愿者一切顺利，生活幸福。

希望文县的孩子们金榜题名，前程似锦，在下一个 6 月，找到自己的未来。我记得你们的每一个微笑和每一滴泪水，我是如此期待，和你们的下一次相遇。

青山常在，绿水长流。

我们的故事只是刚刚开始。

2014 年 10 月 14 日

附：给孩子们的一封信

亲爱的孩子们：

首先，请允许我这样叫你们，虽然我们的年纪相差不大，但是你们在我的眼里，就是需要我们来关心爱护的一群孩子。看着你们，就像是看着昨天的自己：有纠结，有烦闷，有幻想，觉得自己的问题严重，却又无力解决。

今天，我要和你们做最后的离别了，如果我有机会给你们念这一封信，那这大概是我最后一次站在你们面前对大家说话。有的时候人即使有向大家倾诉的欲望，却也没有了说话的机会，能对你们大家公开说话的机会，这是最后一次了。也许，我只能拜托你们的师兄师姐帮我在班里的大屏幕上播放一下这段话，没办法亲自跟你们说一声珍重，再见。

听说人生的主题就是相遇和离别，从此之后，我不得不承认，我们和你们中的很多人，今后只能是后会无期；这个答案让我感到心酸和绝望，但我必须承认，这才是最真实的现实。

我想已经有师兄师姐告诉过你们这句话了：听过很多大道理，但还是过不好这一生。这句话让我感触好深，让我们承担新高三几个班教学任务的八个人沉默了好久。我们给你们讲了很多你们已经听过、看过、读过的大道理，我们"声嘶力竭"地希望你们能够通过我们的故事找到你们自己的梦想和人生。但这些东西有多少用，我们无从得知，因为我们自己尚且不能完全做到，说到做到，这句话说得简单，要做到，实在太难太难了。

每天我们 8 个人都会开组会，这个组会往往会持续到 12 点甚至将近 1 点，我们会坐在一起分享和你们相处的经历、你们的故事；谁在哪个班今天发了火，谁带的班今天状态太好了，哪个学生今天上课又玩手机了，哪个学生特别爱问问题。

我们的讨论中有欢乐，有时也充斥着争论甚至争吵。我还记得刚来前两天的时候，我们分成了旗帜鲜明的两派：有人认为既然来了，就要为你们把高中的知识进行一个全面的梳理，有人则认为我们来到这里，最重要的就是为了给你们传递向外走的冲动和理想。现在想想，不知道从什么时候开始，我们的话题开始涉及教育的终极目标这种宏大的命题。这个问题，我们几个大学生不可能在短短的十几天想明白，可是现在我想，教育的具体方式就像渡河的一百〇一种方法，无论通过什么方式，我们的目标都是遇见一个更好的、无愧于心的自己，我想那就是河的彼岸。你们在船上，而我们，就是那个不太高明、却努力想要带着你们达到彼岸的摆渡人。

我从来不否定自己是个感情丰富的人。敲下这封信的时候，我在三楼的备课室已经泪流满面，你们在一楼或者二楼的教室中大概在认真听课吧……

你们是我教过的第一批学生，很有可能也是最后一批。我不知道你们相不相信，你们对我说的每一句话我几乎都记得，你们给我发的消息，我总是翻来覆去、如珍似宝地读很多很多遍，甚至抑制不住内心的开心非要和其他的师兄师姐分享你们说的话，而这往往会引发后宫争宠般的相互攀比。你们的每一句话对我都是那么珍贵，足以温暖我之后许许多多可能感觉到寂寞和郁闷的黑夜，像一盏盏渔火，天气再冷，夜色再深，也能够温暖三尺深寒。

我们已经足够幸运，我们知道我们终将离别，知道离开的日期、地点、去往何处。更多的离别往往无声而来，让人来不及追念。

　　希望我们能够笑着告别，因为我相信我们今后都会奔向美好。我们回到北京，将继续我们的学习；而你们留在青山脚下，即将通过高考，走出重重的山，到达另外一个命定的地方。听说，海是倒过来的天，不一样的风景，一样美丽。

　　真正的离别从来悄无声息，但惦记你的人永远会暗自挂念。

　　让我们笑着说再见吧，期待命运指引我们相遇，期待生活的河流将我们送到更美的地方。

　　我爱你们。

第六章

你陪我走过的泥泞

这些日子在我心中永远都不会忘记

亓越

北京林业大学本科生，2012 年志愿者

还记得一开始我义无反顾地提交报名表去面试时，心中清楚一切都是未知的——环境可能很艰苦，可能很危险，我可能会水土不服，可能在漫长的路上就痛苦得要死。然而只有一点我可以确定，这段旅途一定很有意义。

一 一个刚开始陌生的城市

在路上颠簸了二十几个小时，终于来到了这个四面环山的小城镇，突然路上的疲倦都没有了，放眼望去全是赏心悦目的绿，忽然想到陶翁的世外桃源。可能只有在这种安谧的环境下才能有这样淳朴的民风。我们宾馆订好后去熟悉环境，大家穿着统一的志愿者服特别引人注目。路边的阿姨用夹生的普通话给我们指路，宾馆的老板听我们说要用台灯将自己的台灯放到了我们屋里，而在超市偶遇的学生更是十分热情，听说我们要去他们的学校他非常开心。也正是第一晚听了这个大孩子的讲述，让我们觉得身上的担子很重……也许在此之前，也许不来这里，我永远都不会相信在这个四面环山的小县城里，会有孩子小学没上完就去打工，会有一所当地重点高中全班英语平均分不到五十分，会有一些家庭仍旧听天由命——地震要搬迁，遇洪涝灾害时会颗粒无收，生活水平不及温饱……我以前不知道，这样的孩子原来这样多，他们说知识改变命运，可是却没有足够的资料，没有获得外界知识的来源。然而尽管这样，这些孩子们仍背负着家里的殷切期望，因为在初中出类拔萃来才能考到这里，他们学习十分刻苦努力，暑假只有不到一个月的假期。那晚，我们就聆听着那些男孩的故事，陷入了沉思。十天，只有十天时间，我们怎么让这十天具有意义？我们能带给他们什么？

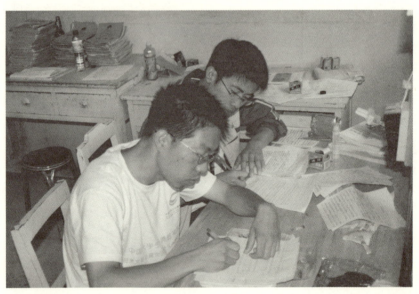

认真备课的志愿者

二 重读代表青春的那些画面

想起一句话：有时候这个世界很大很大，大到我们一辈子都没有机会遇见；有时候它很小很小，小到一抬头就看见了你的笑脸。这大概就是我那时的感觉。

可爱的同学们

在文县的十一天，除了第一天跟最后两天，有八天下午的时间我都教课。可是第一次教课我就很不幸地嗓子哑了，怎么也说不出话；恰好我的队友金晶也发烧没人照顾，我便请了一天假来照顾她。晚上怕得不敢说一句话，生怕嗓子再次陷入失声的状态。静静地听大家谈论第一天上课的情形，那天我就在期待紧张无奈羡慕孤独中度过了。幸好第二天我就可以基本正常讲话了，迫不及待地想见我的学生。然而队友的高烧仍旧反复，老师安排欢欢队长陪伴她，我也代替队长暂教高二的英语课。上课前，队友们的关心也让我十分感动，队长还为我专门买了有梨的水果罐头，因为这里的水果实在太少。回想起来，一直到最后一天教课我都是天天含着金嗓子的。为了把中学的知识都捡回来，我到处跟队友们找资料，在网上搜集有意思的小游戏、活跃气氛的笑话以及很多很多的励志故事。

走上讲台的那一刻，才觉得准备的东西永远不够。我原以为大家会觉得语法很难，结果忽然发现高中二年级的孩子们竟然连入门的音标都不会，便只好将准备的东西扔在一边，先讲了很长时间的音标。大半节

课讲下来，有一部分学生已经有乏味的表现，于是我给他们讲了些我的生活经历。跟他们一起回忆我的青葱岁月，我在他们身上找到了我的影子，他们也听得特别入神。我很坚定地告诉他们有梦想谁都了不起，爱拼才会赢。等大家都提起神来，我又讲了学英语的方法。虽然这所高中教学设施还都比较齐全，但是英语教学方面有很多不足，比如听力问题。很多学生是几乎从来不听英语听力的。我们不能每天都为他们放听力监督他们学习，可是我们可以给他们下载一些听力存在他们的 mp3 或者手机里。快下课时我说了志愿者住的宾馆及位置，欢迎他们去讨论、聊天。

此后每天教不同的班级，一天只有下午有两节课。张帆老师给我们的建议是每人在每个班上课的时间至多两次，要传授的知识是十分有限的，所以尽量以教方法调动大家兴趣为主。或许对于这些比我们小三四岁的大孩子们来说，信心才是最珍贵的。我不能保证自己一定可以带给他们信心，但是我想走近他们，听到他们的心声，尽我的能力帮他们排除杂念烦恼。不同的班也有不同的风格，有的班比较安静，很乖；有的班则有些调皮，爱起哄。每一天也都有"意外惊喜"，比如带队的张帆老师两次忽然在我的班听课，在讲台上还是会不自然地紧张些；再比如一个学生表演节目要我跟他对唱一首歌，还很严肃地说不唱就是不给他面子，我也只好硬着头皮唱了下来；甚至还有一次上课只是做游戏，非要让我留下跟他们再玩一会儿。我一开始还有点不习惯，渐渐地觉得这种感觉真好。没有老师这个称呼，姐姐也不错。没有距离感，我自己都被他们感化得像回到了高中时代。

三 心疼的滋味

到了晚上，住的宾馆里面外面都是满满的学生。我们这些小老师也被分了工，每个人一般都带五六个学生。尽管因为这样我们每天都睡得很晚，却感觉特别值得。能尽我们的微薄之力为那些好学的孩子打开一扇窗，那就是我们来到这儿的愿望。同时，这样做更加深了我们对这里孩子们的了解。有一次我们屋里实在太挤了，我便跟着四个女孩子去了她们住的地方。天还不晚，大家在一条羊肠小道里绕来绕去，终于到了她们租的小房间。简陋的小屋里只有两张床跟一张写字台。剩余的一点点空间被放上了一把炒菜的锅。我很好奇，问，你们不是吃食堂吗？她们回答说食堂的东西又贵又不好吃，一般都是自己去菜市场买菜然后自己做。我又问，那你们的父母呢？你们不回家吗？一个小女孩笑着说："回家那么远，父母不在家忙农活很少过来看我，我半年才回一次家，有时候一年才回去一次。"我的眼睛有些湿润，强忍住泪水说："你们好厉害啊，姐姐我都不会炒菜，有时间教我呀！"她们害羞地笑笑，我却有些笑不出。讲课到接近十点，我想她们也该睡了，便说明天继续。她们非要送我回宾馆，我确实有些不认得路，就说送到我公路就行。回去的路上没有一点点灯光，她们用手机微弱的光照路，也没有路人，天色黑了更显得小路黑到伸手不见五指。我问几个女孩子，你们平时有晚自习吗？她们说有。几点下课？9点半多吧。你们都是一个班的？不是。那一起回家吗？有时一起，有时班里下课时间不同就不是一起回了。我

"欢乐的聚餐"

又觉得很不是滋味。这样的路打死我都不敢自己走的，而她们却在这条路上走过六百多个夜晚！

父母不在身边，生病了也没有人照顾，而菜基本就是天天炒最便宜的土豆片。没有电视，没有电脑，手机也基本不能上网，她们对外界的变化毫不了解。假期也不像我们中学时那样只是在家玩耍或者学习——很多农村的学生假期都要赚钱补贴家用。女生大多要帮忙摘花椒，男生则去建筑工地打一个月左右的零工，干些体力活。我每节课都留下自己的联系方式，现在QQ里已经有99个学生好友。很喜欢跟他们谈他们的生活，也会不时地劝他们不要放弃，给他们信心。我希望我的每个学生都能实现自己的梦想。

四 这些日子在我心中永远都不会忘记

最后一天。我实在没想到我们居然会走得如此仓促，清晨五点半，天还是黑的，我们就启程了。学生们好多说要送别，但他们也要上课，我们都婉言谢绝了。尽管这样，那天早上还是有很多熟悉的面孔出现在车窗外，来不及拥抱痛苦，我挥着手努力笑着。车刚开出小镇，短信一条接一条，都是学生们发来的写告别的话。忽然电话响了，电话里一个小女孩带着哭声说她们几个早上五点钟就起床跑到市区给我们买了当地最好吃的面皮，可是面皮买到了却因此恰好没赶上看我们最后一面。我握着电话，眼泪再也忍不住地流下来。总以为时间还早着呢，谁知转眼就是离别，还是可能再也不见的诀别。还想再给他们讲一节课，还想再吃一次宾馆阿姨煮的茶叶蛋，还想再让学生领着我们去一趟公园，还想站在文县最高的山峰上大喊我们来过……虽然每个班只教过一次，只有一个半小时的师生关系，却能让我们双方都如此不舍。

记得曾经看过一篇文章是这样总结支教意义的："如果有一天，你支教的孩子告诉你：'哥哥姐姐，以前我不知道我为什么要学习，每天就是为了读书而读书，但是现在我知道了，我以后要成为和你们一样的人。'那就请你欢呼吧，这便是支教的意义之一——孩子们不知道什么是梦想，什么是未来，他们只知道读到什么时候就上到什么时候，读不好、考不上就不读了，但是因为有你，是你给了他们一个榜样的力量；也许他们不知道自己想要的是什么，但是因为有你，给了他们一个正确的人生导向，你就是他们的梦想，对他们而言大学不再遥远，梦想触手可及。"

这正是我想说的：改变一个生命，时间的长度不一定可靠。许多时候，一天、一小时、甚至一分钟，真的能够创造奇迹，这就是"永恒瞬间"的价值，最重要的不是专业、不是技巧，而是爱和真诚。

你陪我走过的泥泞

——2012 年甘肃文县支教感想

卢慧婷

中国人民大学 2011 级本科生，2012 年志愿者

再回首，恍如梦境，美好得那么不真实。那巍峨苍翠云雾缭绕的大山，那滚滚东去汹涌澎湃的江水，那宁静僻远世外桃源的城镇，那些童真可爱活泼开朗的孩子，那些真诚默契相见恨晚的队友，那些你陪我走过的泥泞的日子……

很早就有去支教的想法了，想为那些大山里的孩子们带去知识和希望，同时也锻炼一下自己吃苦的能力。于是在大学里的第一个暑假，我就毫不犹豫地参加了这次甘肃文县的支教活动。出于对小孩子们的共同喜爱，我和其他八位同学一起组成了二团一队，去文县的城关一小支教。小学生都还太小，而且知识水平很有限，所以我们支教的内容和别的团队不太一样。除了教语数外，我们还组织了很多别的科目，比如音乐、体育、美术、常识、健康、环保等课程。在支教的十几天里，我们可以说是八仙过海各显神通，九个人把五个年级的所有课程担当了下

纯真的笑脸

来。每天一共五节课，平均每人有两三节课，每节课都有一个主讲和一个助教。虽然会很累——尤其是头几天，我们的嗓子都喊哑了，晚上还要熬夜批改作业和备课，但是我感觉到了从未有过的充实和快乐，尤其是看到孩子们脸上的笑容，一切疲劳都烟消云散了。

通过这次支教，我收获了太多太多。作为一个从小生活在平原地区的孩子，第一次来到这么偏远崎岖的大山里，我感觉特别激动。那环抱的群山、奔涌的江水在我心中留下了深深的烙印，有时候望着那山，看着那水，都会不知不觉地发呆，然后内心被涤荡得干干净净，被大自然的美而震撼。在这么美丽的环境下孕育出的人也是那么淳朴，这里的孩子们都那么可爱，那么爱学习，和他们在一起感觉自己也变成了小孩子，无忧无虑，抛开了北京的繁华喧嚷，抛开了世俗的功名利禄，回归了人性的本真。

当然，和其他队友的友谊也是我此次支教之行的一笔财富。九个素未谋面的陌生人因为一个共同的梦想走到了一起，我们一起在星光下熬夜批改作业，一起在讲台上挥洒汗水，一起在江畔畅谈古今，一起在大

姐姐和妹妹

山里放声高歌……"水千条山万座我们曾走过,每一次相逢和笑脸都彼
此铭刻,在阳光灿烂欢乐的日子里,我们手拉手啊想说的太多,星光洒
满了所有的童年,风雨走遍了世间的角落,同样的感受给了我们同样的
渴望,同样的欢乐给了我们同一首歌……"

　　毋庸置疑,我们也遇到了很多的麻烦和问题,比如说来回各二十多
个小时火车硬座的痛苦折磨,嗓子变哑拉肚子感冒等小病几乎光顾了我
们每一个人,还有个别淘气的孩子扰乱课堂秩序等等,但这些都被我们的

珍贵的合影

团结一心和乐观笑容——克服，苦中作乐，成为一个个精彩的回忆，就像那床前的明月光，像那心口的朱砂痣，让我们反复咀嚼回味无穷。

　　感谢这次支教的机会，让我受益匪浅。还记得午后群山上光与影的斑驳交替，还记得课堂上举起的一只只稚嫩的小手，还记得白水江边北山脚下九个年轻人的欢笑，还记得最后一晚明亮月光中孩子们晶莹的眼泪……纵使时光流逝，斗转星移，我也会永远记得那高山，那江水，那些孩子，那些队友，那些你陪我走过的泥泞的日子！

最好的未来

王瑀琦

北京大学 2011 级本科生，2012 年志愿者

每种色彩

都应该盛开

别让阳光背后只剩下黑白

每一个人都有权利期待

爱放在手心跟我来

这是最好的未来

我们用爱铸造完美现在

千万溪流汇聚成大海

每朵浪花一样澎湃

每个梦想

都值得灌溉

眼泪变成雨水就能落下来

每个孩子都应该被宠爱

他们是我们的未来

这是最好的未来

不分你我彼此相亲相爱

千山万水传递着关怀

幸福永远与爱同在

……

从小到大，我一直都保持着一个习惯，每当完成一件重要的事情就要写一些东西，记录下那些不能忘却的曾经。从文县支教回来已经一月有余，几次拿笔又几次搁下，不是因为可供回忆的片段太少，而是由于心底积蓄的情感太多以至于不知该如何下笔。直到再次听到那首《最好的未来》，感受着旋律与歌词给我的震撼，回忆像潮水一样涌来，那半个月的一幕幕在脑海中浮现。于是，我打开电脑，再一次尝试着梳理那半个月的点点滴滴。

7月18日到8月2日，15天的行程；北京到文县，2000多公里的奔波；大都市到贫困县，91人的队伍。时隔一个月再回首支教的

团结的队伍

那段时光，抽象的数字仿佛已经失去了意义，植根于脑海深处的是那一幅幅仿佛听得见旋律的画面。

当初做这个去支教的决定于我而言是一件极其煎熬的事情。当一份在大城市里可以赚到7000元的家教工作和一次去贫困山区支教的志愿服务摆在面前时，我想任何人都要小心地做一番比较。也许是从小到大母亲的感恩教育对我起了作用，也许是朋友的一句"孩子们需要你"让我湿了眼眶，无论是什么原因都已经不重要了，我只庆幸当时做出了正确的选择，让我收获了比金钱更为贵重和难得的东西。

曾经也愤世嫉俗地抱怨过世道不公，上天不平，但我终究还是意识到命运掌握在自己的手中。也许上天的公平之处并不在于每个人出生的时候享有同等的身世，而是在于每个人活着的时候拥有相同的权利——改变自己命运的权利。山里的孩子虽然受到种种限制，但他们同样可以通过努力改变自己的人生，我想我们此行为他们带去的不仅仅是知识，更是这种知识改变命运的信心与坚持下去的勇气。

也许命运真的残酷无情，在一个偏远的山区考出一个大学生确实是稀罕之事。孩子们在跟我提到"梦想"二字时，话语里总是充满了深深的无奈。梦想，一个看起来充满希望的词语，对于他们中的大部分人来说却很可能是一段悲伤的故事。让我印象最为深刻的是一个班级的班长，那是一个看起来非常朴实的孩子。我们在聊到对于未来的打算时他跟我说他已经不敢抱有什么希望了，他说他全部的希望就是考上军校，却在几个月前迎来了深深的失望。每个梦想都不卑微，却无法得到同样的灌溉，我想这世间最残酷的事情不过如此了吧。而在西北这片缺水的土地上，不知道还有多少这样的梦想继续干涸着。

面对这些，我们又能做些什么呢？是用这半个月的时间尽全力把课本上的知识给他们讲清楚？是把自己高中时的笔记复印好寄给他们？是给他们讲大学的生活有多精彩，来提升他们的学习热情？还是自己省下钱捐给他们让他们的生活得到些许的改善？这些都可以，因为我们正在默默做着这些事情；但又不仅仅是这样，我们应该带去希望，带去那些可以浇灌梦想的东西。

虽然年龄上并没有相差太多，但面对着那一张张纯真的脸，我还是习惯于称呼他们为孩子们。每一个孩子，都应该被宠爱，所以，我们去了文具，我们带去了知识、带去了希望，当我们走的时候，也把一份牵挂留在了那里。

每一个孩子都是最好的未来，我也希望，他们都能拥有最好的未来

天下山上

王 惠

2011 年志愿者

接到为"百人计划"约稿电话的一刹那，脑海中已经模糊的关于那个夏天的记忆被翻江倒海般地拉了出来。那个说近不近，说远也不远的七月，那个大山上的小学，还有那片蔚蓝的天。

我慢慢翻出了那个时候的照片，看看窗外，回忆着那次蓝天之下、大山之上的相逢，与孩子们，与那里的自然，以及与那片土地的，一点一滴。

2011 年 7 月，机缘巧合般，我作为全团年龄最大的团员加入了"百人计划"，还被选作团长，其实我个人是属于特别没有"领袖气质"的"小"女孩，因而也不太愿意当这个团长——虽然只要领导 6 个人。但因为比其他几个更小的"孩子"都大出四五岁，于是盛情难却，只好"勉为其难"了。

说实话，出发之前我把能想象到的恶劣情况都想到了——也许宿舍会很差，没有厕所还偶尔能见到几只蟑螂；吃饭饥一顿饱一顿还没有纯

在小学的双杠上

净水可以喝……但每每想到学校摇摇欲坠的小破平房里孩子们一张张单纯而渴望的脸，我在心里告诉自己，要坚持着走下去。

路途异常艰辛，跋山涉水，经过了 20 几个小时的硬座火车和汽车之后，我们才住进宿舍，不敢稍有拖延，我就开始给大家安排上课的事。由于数理化已经忘得差不多，所以也不敢误导孩子们，就让其他"小老师"给孩子们教授课本知识，而我主要负责孩子们的娱乐生活——教他们唱歌、跳舞，以及其他一些事务的安排。最后要走的时候，我还作为"总导演"组织了一场演出，取名"文县二中联欢派对"。孩子们自己出主持人，也有自己的一些节目，再加上我们"老师"的一些节目，演出最后还是比较成功的。

时间已经过了很久，那些点滴琐碎的小事已经随着越来越忙碌的工作和生活慢慢被我淡忘，但我始终珍藏着从文县回来以后给孩子们写的那封信。

　　一直觉得，来这里最大的意义是让我更深地体会到简单生活的快乐。一直相信最伟大的也就蕴含在最平凡中。我想我会尽毕生之力去追求，也许会不达，只希望有一天可以豁然。而你们，就是那最快乐、最平凡的生活中的小精灵。是你们让我从车水马龙的大城市来到楼房低矮的淳朴小镇，是你们让我褪去了平日的焦躁而感受到了万物的宁静，是你们让我忘却了世间的复杂而重回心灵的纯净——也许，这是一趟洗心之旅。

　　夜色中的操场是最让我迷恋的东西，那种黑暗和寂静，让我嗅到了也许是灵魂深处最想触摸的一点东西，于是我贪婪地想要抓住它，而当我刚刚要抓住它的时候，它却突然抽回去，告诉我：你不能拿到它，你还需要往前走，往前走。于是我往前走，往前走，它却再也不肯跟我说一句话。那一刻我明白，人生最大的快乐也许就是你可以看到未来的东西，而最悲哀的就是你看不到来时的东西。我们正在经历的每一件事都是在教导我们的。也许你体会不到。但就是那所经历的，你将要触摸的，才是你真正的朋友。

联欢派对

　　这段话现在看来多少有点矫情：也许我再也回不到那段时光，但那短短三周的大山生活让我深深体会到人生的内涵是如此深邃和纯粹。你可以无所追求，但努力让别人获得一个微笑；你可以无所拥有，但努力让别人获得一份幸福；你可以无所牵挂，但努力做到，离别来临时，会有人为你流下最真挚的泪水。

　　真的很希望能有机会再回到那片天下山上的小山村，再看看那群已经长大的孩子，再吹吹那淳朴的风。

那年七月一起走过

白 云

北京大学 2008 级本科生，2012 年志愿者

那是 2012 年的 7 月，我们一行 91 人的队伍，从北京出发，坐火车转大巴，远赴文县。从高楼大厦到巍巍群山，路上的风景不断变换，我们与文县之间的距离在不断缩短。当大巴车停稳，我们的双脚结实地踏在土地上，心中有个声音愈发洪亮而坚定："孩子们，我们来了！"是的，我们真的来了。这里，青山环抱、江水穿城而过；这里，民风淳朴、生活安静祥和。而于我印象最深的，是这里的孩子们，求知的目光、青涩的微笑、真诚的话语，在夏日的阳光下充满朝气。至今回想起这段短暂的支教时光，一切都恍如昨日，心中的那座小城、那群孩子，仿佛从未走远。

还记得在文县一中的第一堂课。课前，班主任老师建议我们五位负责文科实验班的志愿者多和孩子们分享自己的成长经历和学习心得，帮助孩子们找到适合自己的学习方法，为进入高三阶段做准备。班主任老师的一席话，为我们的第一堂课提供了思路和方向。经过一番准备，怀

英语课

揣着几许紧张与兴奋，我们伴随着上课铃声走进了教室，走进了孩子们的视野。简单的自我介绍过后，我们这几位小老师便开始了分享之旅。一段段具有启发性的成长故事，拉近了和孩子们的距离。孩子们认真地听着，并不时用或好奇、或惊喜、或沉思的表情回应着故事的进展。穿插于故事中的，还有一个个颇具实用性的学习方法，比如改错本、积累本等等。孩子们一边点头，一边把这些方法整齐地记在了本子上。起初，当我们讲完一部分内容，询问孩子们有什么具体问题或困惑时，教室里就会变得很安静。孩子们时不时抬头看看我们，然后抿抿嘴唇又赶紧把头低下去，仿佛有很多话想说、有很多问题要问，却又紧张得说不出。但随着分享、互动的增多，孩子们不再像刚刚上课时那般拘谨，而是逐渐放松并融入课堂氛围之中，参与同我们的互动。时光在这个下午仿佛特别短暂，和孩子们一同度过的第一堂课就这样结束了。看着这群淳朴可爱的孩子们，我们更加真切地感受到了肩上担子的重量。

宿舍里的"课堂"

　　接下来的日子，我们逐渐进入角色，教学辅导也逐渐步入正轨。每天上午是我们紧张的备课时间。教科书、辅导书、课堂笔记、复习资料都是我们的重要参考。一边翻资料，一边写教案，为下午的课程做好充足准备。中午短暂休整后，下午精彩的课程便闪亮登场了。针对文科实验班的特点，我们每天设置了不同的主讲科目，通过习题来考查孩子们的掌握情况，并通过小组积分来提高课堂参与度。考虑到时间问题，我们无法将所有知识点为孩子们逐一梳理，只能在有限的时间内，以某个重要的知识点为例，把学习方法和解题思路教给大家，并鼓励他们在学习中去尝试和运用。下午的课程结束后，孩子们会主动留下来，围着我们问练习册上的问题，或者是书本上的知识点。每当一个难题得到解决、一个知识点得以巩固，看到孩子们脸上疑惑的表情逐渐舒展开来，我们也由衷地感到高兴。放学后，孩子们会给我们发来问候的短信："晚饭吃了没？""你们今天累了吧？"一句句诚挚的问候，让人看在眼里，暖在心底。当夜幕降临，我们的住处便会热闹起来。孩子们三五成群，结伴而来。每当这时，房间里就像是开了个小型讲座，孩子们拿着课本和我们围坐在一起，有时是一起钻研一道习题，有时是一起畅谈理想和未来。还记得在文县的最后一晚，有很多孩子来到我们住的地方，和我们促膝长谈。我们问他们："你们今天想听我们讲什么呀？"孩子们笑着看着我们："你们讲的我们都爱听。"一句话道出了他们的不舍，同时也让我们心中更加不是滋味。

讲台上下，从陌生到熟悉；课堂内外，从师生到朋友。随着沟通交流的增多，我们之间的感情也在不断加深。文县短期的支教生活虽然结束了，但是志愿者和孩子们之间依然保持着联系。一条条短信、一封封书信、一张张书签，满载着我们对孩子们的鼓励与期待。日子就这样过得飞快，转眼已是 2014 年，但 2012 年的暑假却恍如昨日，那晴空下的文县县城、那雨后的操场，还有那群活泼的孩子们，一切都让人记忆犹新。我们，就这样走进了孩子们的视线，在短暂的停留里，我们所能给予的确实微乎其微。尽管如此，我们仍希望通过行动，为他们打开一扇窗。让孩子们透过这扇窗，向内看见自己，发现自己的无限可能；向

"谁的裙子漂亮？"

外望见世界，发现世界的无限精彩。同时，我们也希望通过行动，为他们加油鼓劲，让他们相信自己、相信梦想可以照进现实。

　　从文县回到北京，我和一个孩子至今仍保持着联系，谈论的话题从最近的考试到每日的作息，再到照顾好身体……天冷了提醒加衣，天热了注意防暑，有时短信写得很长很长，有时电话聊得很久很久，仿佛文县和北京的距离在无限拉近。她仍像那个夏天一样，放学后沿着马路一边走一边聊，她依旧梳着长长的马尾、嘴角微微上扬，亲切地喊着我"姐姐"。

绚烂在路的尽头

吕 吉

北京大学 2011 级本科生，2012 年志愿者

　　大二暑期军训归来，回首暑期支教的那段日子，点点滴滴历历在目，嘴角也总会不由自主地绽放一丝微笑。现在看看来时的路，一路上酸酸甜甜，但那些都是幸福的味道。

"我在备课"

　　作为一名普普通通的大学生，参加暑期支教活动，其实就是丰富人生阅历的一个过程，其中的酸甜苦辣都是我们成长的记忆。去支教为的就是去体验生活、接触社会，同时回报社会。花点时间、用点精力去为自己寻找一段不同寻常的人生感悟，就像人生旅途中那些绮丽的风景，支教就是我们翻山越岭的一段路，一切的绚烂都在路的尽头。

　　支教活动在多数人看来仅仅是一个单向的帮助行为，即为教育资源

"我在操场上"

稀缺的地区带去短期的教育辅导。同时由于被支教地区的相对落后，开展支教的过程对志愿者来说又往往是较为艰苦的。不过在与孩子们朝夕相处半个月之后，我更为切身的体会是自己在过程中也从队友和老师，甚至是所教的孩子身上，学到了很多弥足珍贵的东西，简单总结为以下几点。

一　合理分配，制订计划

　　将每天的工作任务细化到每一个人的身上，是调动队员积极性、明确安全责任归属的重要手段。按照工作安排，每个人只要做好属于自己

的工作，恪守自己的那份职责，整个团队的工作效率就会得到很大的提高，队员之间的关系也会更加和谐。既然形成了一个团队，就必然要共同承担起所面临的任务。不同队员之间应在良好的沟通交流基础上，根据自己的专长与特长选择性地挑选适合自己的工作，并负责地实行下去。如此有计划有分工的活动才是高效而有序的。

二 排除万难，坚持不懈

没有什么是过不去的坎儿，挫折会有的，办法也会有的。遇事不急不躁一步一步慢慢来，通过团队的力量分析出解决问题最好的办法，这才是最明智的决断。面临困难的客观环境条件，当我们无法改变时，纵使困难与压力再大也要坚强勇敢地扛起来，只要不言放弃怀揣希望，就一定能够看到令人满意的结果。同时，也让我体会到不管一件在我们头脑中多么简单的事，放在社会上都可能会遇见各种意想不到的麻烦。然而一切的抱怨都是不切实际的，我们能做的、要做的就是去适应。

"全家福"

三　敞开心扉，团结合作

领队张帆老师经常提醒我们：一个团队是一个整体，团结合作是我们必要的前提。在不能要求他人来适应自己的时候，只能要求自己去适应他人。慢慢地我就发现只要自己敞开心扉，其实每个人都可以给自己带来朋友的感觉。

我永远都不会忘记最后一天清晨离开时的场景，孩子们流着泪跑过来和我们拥抱，一句"学长，你们不要走！"让我好不容易忍住的眼泪瞬间涌出。"你们还会回来看我们吗？"每次听到这样的问题，看着孩子们最纯真的期待的眼神，我们都不知道该如何回答，于是我们告诉孩子们"百人计划一定会再回来的"。我们有个共同的名字，叫作"百人计划"，叫作志愿者，也许我们本人不会再有机会回到那里，但是下一批志愿者一定会再回去。我们不需要孩子们记住每个人的名字，但希望他们知道有这么一群人在关注着他们的成长，也希望再过十年，他们也能成为像当初的我们那样的一员，将爱延续。

就像最后一次课上我们和孩子们合唱的那首歌一样："我和你一样，一样的坚强，一样地全力以赴追逐我的梦想，哪怕会受伤，哪怕有风浪，风雨之后才会有迷人芬芳。我和你一样，一样的善良，一样为需要的人打造一个天堂，歌声是翅膀，唱出了希望，所有的付出只因爱的力量。"我们希望孩子们可以坚强、善良地成长，可以全力以赴地追逐自己的梦想，可以为需要的人打造一个天堂。我想，就算再过十年、二十年，甚至到我老了的时候，我也一定不会忘记这半个月，不会忘记这样一段快乐与感动相伴的日子。

支教的这些日子将会是我生命中一份珍贵的记忆，历久弥新。

"我们一定会记住"

文县支教之感

何东旭

北京大学 2011 级本科生，2012 年志愿者

文，古之崇尚者也。文县，乍听起来让人感觉是中原大地上的文化教育强县，却没想到是甘肃南部山区一个巴掌大县城的名字。可就是这里的山，养育着如山一般朴实、坚强而直率的孩子们。

一

大山正值披上郁郁葱葱的绿衣，透出勃勃生气之时，它以最美的姿态迎接了我们的支教队伍。初入文县一中的校园，大块操场上空无一人，孩子们正在午休。几栋地震后新建的教学楼屹立在高台上，给人一种新的气象。我们事先安排好了各自负责的班级，便在老师办公室休息，等待孩子们的到来。

预备铃响了，走廊上传来孩子们的笑声。虽说已经上高中了，但他们脸上还透着稚气，尤其是见到我们这些新来的大学生后，显得更加腼腆。我们在走廊上交流，只见孩子们三五成群地向我们投来好奇的目

"我写得对吗？"

光，有的还指指点点，忍不住偷笑几声。看来我们还很受欢迎？我思忖着，也压抑着心中的紧张，毕竟是第一次以老师的身份站在讲台上和孩子们交流。

我理了理衣角，清了清喉咙，沉着地走进教室。孩子们热烈的掌声和炯炯有神的目光让我倍受鼓舞。首先是大家互相认识的环节。做完自我介绍之后，他们觉得不过瘾，非让我给他们讲我的故事。我向来不会讲故事，尤其是自己的生活和学习经历，只好硬着头皮上。我给他们介绍我印象最深的燕园美景、回味无穷的大学宿舍生活以及难忘的高中生活，中间还穿插着理想、坚持和实现梦想这样的关键词。没想到他们听得挺认真，有几个男生还插嘴问我问题，真是热情难挡。讲完故事，连我自己也顿生日月如梭之感。没等孩子们回味过来，我就向他们"发难"了——邀请孩子们上台自我介绍，顺带讲讲自己的理想。其实，这个环节早在我的准备当中，这是了解他们、了解这一方土地最直接的办法。而且，大山里的孩子也有着自己深藏心底的故事，有着自己的理想和执着，如果没有我们和他们主动交流，他们很难有机会倾诉自己的内心世界。

他们的经历对我来说是全新的，因为我从来没有砍过柴挑过水，也不曾翻山越岭去上学。他们是同龄人中进入县城最好的中学上学的佼佼者，却大多来自文县周边偏僻的小山村；他们是目标各异的追梦人，但走出大山开阔眼界是他们共同的理想。他们的理想很朴素——有的同学想成为商人，赚足够多的钱，改变家庭甚至县城的面貌；但他们的理想绝不平庸——我记得一个高个子男孩郑重地说他想成为一名军人，保卫国家。我为之一振，立刻为他鼓起掌来，钦佩之情也油然而生。

交流的过程不仅充满欢声笑语，还有真情流露。期间，我邀请一位同学表演节目，大家在起哄中推选了班上最漂亮的女生。她唱了红遍网络的励志歌曲《隐形的翅膀》，正好我的手机里有这首歌，便将之作为伴奏和她一起唱了起来。渐渐地，大家也跟着哼唱起来，最后变成班级大合唱，就像一场宏大的理想宣言。此时此刻，我的心和他们在一起了，我为他们默默鼓劲，愿他们勇往直前。

二

第一天的"畅谈理想"似乎起到了很好的作用。一来我们互相之间的了解都有所加深，距离感和隔阂明显减少了；二来带给了他们新鲜感，激发了他们学习的热情和兴趣，坚定了他们的理想。但是，现实的问题终究还是暴露在我的面前——当地同学英语基础特别薄弱，这从第一天他们对英语极度的"逆反"态度便可见一斑。

那天吃晚饭时，我和队友们商量着如何改善他们对英语的厌倦情绪。最后大家认为，孩子们对英语的认识太过片面，应该从英语文化方面激发他们对英语的兴趣。记得我在初中系统学习英语之后，开始对英语歌曲兴趣大增，于是我打算教孩子们简单但经典的英文歌。

我选择了传奇乐队甲壳虫乐队的 *Imagine* 这首歌，一是因为它歌词简单，单词和语法难度不大，二是希望孩子们能够体会歌曲中的平等、和平以及世界大同的思想。我先让孩子们一小段一小段地听写歌词，发现确实有些困难；之后就教他们生词和语法，让他们熟悉歌词；最后从一句到一段教他们唱。教室里阵阵悦耳的歌声仿佛在谱写他们的理想。

情系课堂

后面几次课，针对他们英语口语中不标准甚至错误的发音，我将48 个国际音标一个一个认真地讲给他们听，也让自己重温了初中英语老师授课时的场景。

三

和孩子们交流的过程也是自我锻炼和自我提升的过程，平时不敢在众人面前说话的我，竟然也可以在几十个陌生的孩子面前侃侃而谈。支教的那段时间里，我尽量换位思考，把握他们的薄弱环节，了解他们的需求，做到有的放矢。

我从大家的兴趣和理想中窥探出西部山区孩子们的心声，切身体会到了教育不公平的残酷现状。一中的孩子们都是文县最优秀的学生，大都想考上一个好的大学，走出山区看看外面的世界，找份好工作；有的想成为军人或警察，保卫国家，保护人民生命财产安全。但毫无疑问的是，由于经济条件限制，他们享受不到优质的教育资源，综合素质比不上东部地区的孩子，视野不宽，对英语有恐惧心理，因而很难在和省城孩子的高考竞争中获胜。孩子们朴素的理想中也包含着对现实状况的无奈，这分明是现实在让他们妥协！

四

当我写下上面一行行文字的时候，孩子们天真的笑脸、动人的歌声和养育着文县百姓的河流和大山不禁一一浮现在眼前。等我回过神才猛然发觉，那年暑假和我结下情谊的孩子们如今距离高考只有不到一百天了。

勤奋可以缩小你们和省城孩子的差距，也能让自己离大学梦想更近。

孩子们，高考加油！有缘再会！

那一张张天真的笑脸

一个月之后的……

谷月昆
北京大学 2011 级本科生，2012 年志愿者

写这些的时候，支教已经过去一个多月了。在没开始写之前，我还在怀疑是否还能将那零星的关于文县的记忆拾起。但当我开始回想才发现，那零星的回忆已经深深散落在了我的心里，一片又一片。

还记得刘颖师姐的萌，还记得新全师姐的淑女，还记得刘锐师姐的气质，还记得玉萍的天然呆，还记得"寿公公"对女队员的体贴，还记得"嬷嬷"动听的歌喉，还记得吕蒙的威武霸气，还记得吕吉的"狂野猩"，还记得晚饭刘宁师兄的"净坛"神功，还记得……

还记得吗？我们天天买西瓜，有一次差点让刘宁师兄跳江；还记得吗？我们在江边围坐畅谈人生；还记得吗？我们在宾馆集体三国杀；还记得吗？我们每天中午都会买一只烤鸭；还记得吗？我们每天下课后都会在一起打排球；还记得吗？我们去孩子们的家里，他们还给我们做了刀削面；还记得吗？在卧龙潭大家齐心协力做的晚饭……

而回想起文县一中的孩子们，一幕一幕的场景连成了电影，在我的

我和"我的"教室

脑海里播放。那里的孩子们很苦，真的很苦。但同时他们又是那么天真，那么朴实，那么善良。

有幸给 6 个班的孩子们上课，每个班的状况都不同，有的班级十分活泼，有的班级十分安静，各有各的特色，因此每次到一个全新的班级我都会有不一样的体会与收获。

实话实说，上第一节课的时候我是比较紧张的。因为毕竟是第一次给那么多的孩子上课，所以刚开始有些语无伦次。但随着时间的推移，我发现我还是很有做老师的天赋的。因为我发现孩子们的目光发生了变化，他们就像是一棵棵亟待浇水的幼苗，在聆听着我，聆听着来自大山外面的声音。

时间是飞快的，短暂的支教生活就结束了。走的那天，孩子们都过来送别。眼泪在每个人的眼眶中打转，我的泪水没有掉下来，因为我不想让孩子们看到他们的老师哭泣。

微笑着，再见，是为了再一次相见。

我和我的学生

2014 年夏天我们在文县

陈 华

北京大学 2012 级硕士，2014 年志愿者

　　2014 年，这个夏天，我的记忆大部分都充斥着在文县一中支教的点点滴滴。写下这篇文章的时候，回北京已有一段时间，而在动笔的这一刻，仿佛一切就是昨天的故事。这个故事，关于我的队友、我的学生，以及我所有的收获和成长。

　　故事的最前面，最想写给和我一起走过这段经历的人们。7 月 18号，当所有人背上行李奔向北京西站，我第一次看到"百人计划"全体成员。而这个早已确定好的第一分队，会是怎样的组合？我们来自北大和农大，年纪不同，所学专业各异。在这之前，或许我们所有的经历都没有交集，而在文县的那些日子里，却彼此走进了各自的生活。我想大家会一直记得，队长给我们带来的欢乐以及她和王子的窘事，记得佳桦的笑声引起我们竞相模仿的场景，记得佳玮在游戏中出的各种搞怪的点子给我们带来的难堪。我们也会记得，罗娜的动人演说和大家对她生日的祝福，晓伟同学精彩的讲座和文县丰富的植物，更记得我们一路走来

关于雨濛和徐昊的故事。这些发生在文县的每一个片段，或精彩，或平淡，当我们今天再谈起的时候却有别样的味道。回到北京，实验室的组会每周都在继续着，只是我会更加怀念我们小组成员各自发言的场景：总是深夜，总是一群人的欢笑，我们讨论的内容，或轻松，或严肃，这些都构成了我所有印象最深一部分。

另外，我想这份记忆里最应该感谢的是文县一中的同学们。在文县短短的时间里，我教过高三1班、3班和5班的英语。或许我并没有给你们带去多少知识，也并没能为你们的高考带去多少希望。只是你们给我的信任，让我相信自己的一切付出都有意义。你们天真的笑容，或许不应该在高考这个洪流中被残忍地拍打。只是在前行路上，当你们觉得迷茫的时候，希望你们能够记起曾经有学长学姐来到你们的身边，鼓励你们勇敢向前。你们带给我很多回忆。最深刻的是我们初次到来时你们给我的欢呼。最有意义的是我们传授的内容让你们马上付出的行动。最感人的是离别的夜晚给我们唱的那首《送别》。过去几天，我给你们寄出了明信片，写上自己最真挚的祝福，来自北京。只希望来年的我们会听到你们，来自文县，自信满满的答复。

而对我个人而言，"百人计划"文县之行确实是不一样的体验。而这故事最先的场景，或许很少人知道是这样的：在实验室压抑的环境下，我每天面对着电路、代码，以及一周接一周的报告，重复的工作很容易让人迷失自我。于是一个声音总在跟自己说，走出去，改变你的生活方式，做更有意义的事！我想今天我可以很自豪地说，我做了，我收获了很多。当你走在教室看着一群朝气蓬勃的学生，你会提醒自己曾经也这样努力。当你以一名老师的身份站在讲台上，你突然就理解了老师这个称呼背后的点点滴滴。当你面对一群来自不同学校不同专业的同学，你更懂得了如何和他人愉快相处。当你想改变，当你走出去，当你行动起来的时候，一切真的都会不一样！

最后，衷心祝愿中国大学生环境教育基地"百人计划"越办越好，能够有越来越多的人参与进来。

"百人计划"感想

刘罗娜

中国农业大学 2013 级本科生，2014 年志愿者

为时两周的支教生活转瞬间结束了，曾经以为自己会坚持不下来，但所幸在文县所经历的一切给了我足够多的感动。文县，山美水美人更美，我深深地爱上了这里的学校，这里的人民。

我被分配支教的内容是数学，从进入学校的第一刻开始，就忙着搜集各种资料。高考结束一年多了，许多基本知识也忘了，为了不"误人子弟"，刚开始要做的准备工作还是比较繁杂的。望着窗外安静的夜，想着对面熟睡的孩子们，内心从未有过的自信，我相信我已经准备好了。渴望把我的经历和感受统统拿出来与大家分享，期望能给他们以帮助，哪怕一丁点儿。

而对于数学的温习，也重燃我对高考的热情，和对高中生活的无限怀念。我怀念当初站在讲台上骂我们的老师，也明白了他的恨铁不成钢；有些事情可能只有自己经历过，才能更深刻地理解当事人的心理吧？至少现在，我对曾经那些骂过我的老师献上深深的理解与感激！此

第一节课

时此刻，我从内心的最深处尊敬他们，因为第一次体会到站在讲台上给几十个人讲东西是多么辛苦的一件事。

看着教室里孩子迷茫和期盼的眼神，我真真切切地希望能够把自己知道的一切都告诉他们，也想起了高中时那些迷茫无助的时刻。我记得在跟孩子们说起自己高中经历时曾一度差点落泪，有些东西，尘封太久，到现在提及，依旧是伤感。那些为了高考所受的苦，那些为了上大学所忍受的委屈，一股脑地全部喷涌而出。可能我对13班同学整体比较偏爱，因为在他们班，在他们身上，我看到了当初自己的班级，看到了当初自己的影子。我能够理解他们与实验班同学比较之后的落差，也能明白他们想要上大学的迫切心情，更能体会他们想要好好学习却不知道从哪里学起，不知道该怎么去学的无助。这些感受我太熟悉，也太让我伤感。所以看到他们，直接引起了我的共鸣。

我喜欢没事的时候窜到13班，跟同学们一起交流学习。他们班同学也特别友善地让我在班上吃了一次火锅粉，跟他们一起吃饭，聊天，那是我最开心的时刻。在我们即将离开文县的时候，全体同学深情款款

第 1 小分队的队员们

地演唱的《祝你一路顺风》，更是让我们感动得一塌糊涂。11 班同学的
留言本，15 班同学的小纸条，都凝聚了对我们深深的留恋与不舍；而
我们能做的就只有祝福，祝福他们通过自己的努力度过一个充实美满的
高三，祝福他们实现自己的青春梦想，做自己想做的事，成为自己想成
为的人。

　　支教的数日，除了同学们给的感动，也有小队成员之间的感动。短
短的十几天，我们之间便形成了亲密的伙伴关系，一起吃饭，一起备
课，每天聚在宿舍开小会，吃零食，周末大家一起出去逛街、爬山……
特别让我感动的是我生日那天，傍晚时分，被队友以开会的名义"坑"
到操场，当我飞奔投入到大家庭的怀抱时，他们给了我一个大大的
surprise：集体为我高唱生日快乐歌，那时陈华师兄还在摄像，我感动
得一句话也说不出来了。本以为在异地的生日会很孤单，却没曾想异地
也有这么多的感动。这短短的十几天，我们组成了一支超级无敌的团结
小分队，我为自己的小分队而深感自豪和骄傲，也为因自己的疏忽给小
伙伴们带来的不便感到抱歉。

　　支教，本着一份责任、热情、真诚的理念而来，载着满满的感动而归。这其中的欣喜、愉悦是无法言喻的。此时此刻，没有华丽的言语，没有多余的修辞，只有最真挚的情谊！

第七章

不知疲倦的追寻

支教反思

北京大学 2005 级本科生，2009 年志愿者

几天来，我一直都没有放下对自己的质问："我能为这里的孩子们做些什么？"从一个做过老师的人的角度出发，我真的不愿意让外在的因素打扰这里校园的宁静，因为这里的老师已经背负了沉重的教学负担。可是，我们已经来了，并且带着许多心情与期待来了，看着孩子们为我们的到来而兴奋不已时，我被深深感染了。兴奋之余，我又在心底问自己：孩子们是为我们，还是为我们带给他们的新鲜感而兴奋、高兴呢？我们真的能为孩子们带去些什么吗？如果有人说，我们是来这里作秀的话，大家的感触是最好的反驳——"我太爱这里的孩子了"，"这里的孩子渴求知识的眼光是我从来没有见过的"。我们已经深深爱上了这里的孩子。照片仅是让这种经历留得更长远一些，并不是为了炫耀或者作秀。我们来这里只有一个目的：让这里的孩子知道一些新鲜的，对他们今后的学习和生活有用的东西，哪怕是对外界的一种向往也好。

$$\frac{1}{2 \mid 3}$$

1. 热烈的欢迎仪式

2. 可爱的小女生

3. 志愿者在文县碧口

　　我在丹堡小学上英语课。这里的孩子们有些羞涩，不太愿意表现自己，但又对我们的到来表现出无限的好奇与兴奋。或许由于长时间没有表现的机会，让大家压抑了许久，那种既渴望去表现、又害怕自己说错的心情，在他们稚嫩的脸庞上表露无遗。我十分理解那种心情，于是，开始不断地启发、鼓励他们，让他们彻底地放松下来，这样才有四个人开始举手。看到在自己的努力之下，终于有孩子开始大胆地回答，我的内心感到从未有过的欣慰。我知道，这种渴望去诉说的心理会激励所有的孩子开始表达自己，开始用艰涩的单词去说。虽然他们中间许多人连一句完整的普通话都不能讲，但这毕竟是一个非常好的开端。孩子们的热情时时感染着我，让我更加积极地投入到与他们的互动中。

　　第一堂课非常非常成功。所有的孩子都被我调动起来了，他们开始伸出双臂与我一起朗诵诗歌：

"Spring,

Spring,

Walking slowly,

Bringing the warm wind and wake up trees, flowers and grasses.

Give everything the green color.

Spring,

Spring,

Lovely spring,

Give us hope and brave,

Forget the pain and tears,

Let's build more beautiful hometown,

We love you, spring."

　　也许这只是重温教师生涯的一种美好追溯，也许这只是传递爱与关

暖风中我们与你同在

怀的一种真情流露，但是面对这样一群天真可爱的孩子，我的感受从来没有一样过。同样的我，不一样的感受。我真的不知道如何去表达自己的情感……甚至在课堂中为激发大家的诗性，我的语言有些哽咽，我的眼睛有些模糊。不知道是为地震中的逝者，还是为震后的这群孩子，抑或为了这首诗……但是我能感觉到：真的是一种爱与感动，让我与孩子们心中都充满了力量与希望。

　　我们的支教时间很短，我们的课上得很少，我们带去的东西很有限，但我们收获的感动却是无尽的。看着孩子们拿着旗子在风中奔跑，我真的好想和他们一起，等着风来，迎接希望……

微风中，希望一直都在

不知疲倦的追寻

娄向阳

北京大学 2010 级本科生，2012 年志愿者

我是带着一种能够带给他们知识，帮助他们建立梦想和自信的想法去的。我第一次进入班级，面对的是一双双充满渴望的眼睛。在刚开始的时候，我还自以为是地认为他们的基础都还不错，应该可以接受一些更高端的方法技巧，于是乎在课堂上使用了各种技巧方法。但是我错了，因为之后有学生去"告状"了，说我讲课太难。我忽略了一个基本事实：如果他们的基础可以高到像我预想中那样的话，我们也就没必要来了。因此我开始改变策略，更加侧重讲授基础知识。当然这样就收到了不错的效果。

我是蛮干型的人，一直在给他们讲课，完全忘记了和他们聊聊外面的世界，聊聊他们的理想。到最后孩子们都说：老师，给我们讲讲外面的世界吧，北京什么样子？北大什么样子？北大清华哪一个好？我这才想起来，我来的时候想要做的事情还没有做。其实我想，可能很多人都像我一样忘记了这些孩子最需要的是梦想，梦想才是驱使他们不断上进

的动力。了解外面的世界，才知道生活还可以那么精彩，这种憧憬会给他们很大的动力。回想自己，又何尝不是呢？从小的时候就被"你能考上北大"这句话深深吸引，它赋予我不懈努力的动力，最终能考上北大其实就是冥冥中的注定。我真的希望以后的各种支教活动能够开设心理学相关的课程，让那些有演讲才华的人给这些孩子多讲一些关于梦想的话题。这样可能比短暂的 15 天授课以及仅仅教授知识效果要来得好。

文县一中是在汶川大地震之后由外省支援建设的。学校的硬件设施甚至要比我河南老家

外面的世界什么样？

的高中还要好，空调和电教设备一应俱全，学校的体育设施、老师的办公环境也相当不错。但是这里的师资力量还是相对薄弱。建议选拔优秀的教师前往师资力量不足的地区支援教课，待遇维持在原来的水平，支教之后可适当予以补偿，这样优秀的师资力量会使偏远山区受益。

文县支教给我留下的最大的遗憾就是时间太短，想要表达的很多东西都还没有来得及说出来，我就踏上了归途。如果时间长一些，我能够给他们讲解更多的知识点，描述更多外面的世界，培养他们更加远大的目标。可惜 15 天能做成的事情很少。可我还是和他们建立起了深厚的友谊，临走前学生们送我很多礼物，特别是当我们即将乘车离开，后面追上来一个个学生送我精美礼品时，我感到真的很幸福。这 15 天的付出真的有意义，bless you all!

总的来说，去文县的支教活动让我交到了很好的朋友，也让我更加清晰地认识自己，让我认识到在中国某些地方还有很多人缺乏优质教育的现状，促使我思考这些问题的原因以及解决办法。希望这样的支教活动能够再多一些，时间能更长一些！

梦，一直都在

刘 凯

北京大学 2009 级本科生，2012 年志愿者

时间是贼，偷走了一切，却留下了梦想和寻梦的权利。

今夜，北京的星空很美，无边的天幕上嵌着星星点点，在西南方向的一个不起眼角落上，却有一颗星星执着地亮着。望向它，我的思绪一下子被拉回到 2012 年的暑假，在文县，在江南公园，那时候的星空也很美。

依稀记得，那是 2012 年盛夏的一个下午，我们一行 91 人，怀着忐忑和兴奋，带着憧憬和期许，从北京西站出发。我们坐了一天一夜的火车硬座到四川广元，然后又搭乘了近 7 个小时的长途客车，终于到达了文县。文县地处陇南，与川北相接，因而进入县城的路也颇有"蜀道"的味道。三面都是山，虽然使得文县有些许闭塞，但也摒除了外界的喧嚣，有的只是自身与世相隔的宁静。一条白水江自西而东湍急地流着，县城依江而布，可沿街灯笼状的路灯却也有一番情趣，就更别说饭后处处载歌载舞的江南公园了。有山有水的地方就有灵气，这两个条件文县都具备了。

大山之中宁静的县城

　　白云、嘉怡、婉聪、帅晓和我一道负责即将升入高三的文科实验班。在来的路上，我们就讨论过，短短的 15 天时间，授人以鱼不如授人以渔。教会他们解题固然重要，但是相比教会他们解题，倒不如让他们意识到自己的未来充满了无尽可能和无限希望，不如让他们找到自己的梦想，让他们能够持之以恒地为之奋斗不止，让他们在剩下的 10 个月中能够竭尽全力以至于无悔。

　　学校白天要正常上课，所以他们每天和我们交流的时间只有短短的一个半小时。初见大家，那一张张略显稚嫩的脸上，都写满了好奇和惊喜。或许是因为我们的到来，让他们原本每天在家和学校之间两点一线的徘徊有了些许的新意。

　　记得我第一天和大家聊天的时候问：你们的梦想是什么？有的人说想当舞蹈家，有的人说想当画家，有的人说想当国家领导人，有的人说想走出大山……虽然梦想不一样，甚至说得上是千奇百怪，但是从每个人的眼神中，从他们的话语里，我却读出了坚定和执着。我说，梦想绝不是彼岸花，而是心灵深处的追寻，在梦想实践的过程中，生命的每一天都缤纷多彩。有梦想的你们真的很幸福，因为你们已经有了目标和方向，接下来请一定好好地呵护自己的梦想，并尽力一步一个脚印去靠近它、实现它。如果你暂时没有梦想，也请你一定不要沮丧，青春就是用来迷茫的，多想多试多做，想过了试过了做过了，你一定会找到你喜欢并愿意为之奋斗的事情。

有一次嘉怡在和全班的同学聊天的时候问：大家是不是都想上大学？大家异口同声答道，是。毋庸置疑的肯定。从文县回来后，在QQ上遇到支教班上的一个女孩，她说：在文县，除了上大学几乎没有别的出路，大家很多是来自农村的，一个大学生，一个有本事的大学生不仅能从此改变自己的命运，还会改变一个家庭的命运。

这样的回答不能说错，而是很对。她父亲的经历也佐证了她的说法。一个通过高考从山里走出来的农村娃，鱼跃龙门成为乡里乡亲羡慕的对象。在文县，走出大山是他们心中最深的渴求，只有通过好好读书、高考、上大学，才能圆自己的这个梦。而他们心中的舞蹈家梦、画家梦，也只有借助高考这个平台，才能飞得更高更远！

只期盼因我们的所言所为，让哪怕只有一个人因此而有一点儿改变，那么对于我们而言，这样的努力就是有益的。终于在 2014 年，听到他们高考的好消息，知道他们离自己的梦想又近了一步，我心里由衷地替他们高兴，也祝福他们。虽然并不是每个人都上了大学，而我也从未认为上大学是实现梦想的唯一途径。

那之后，那位同学告诉我说，她选择了复读，勇敢而执着。而在这快一年的复读时间里，痛苦也好、挫折也罢，都没有能够压垮这个倔强的女孩儿。她说，她始终记得和我们之间相约北京的约定，记得她理想的大学，记得自己最初的梦想。我们有理由相信，也衷心祝愿她能够在今年的高考中不负自己的努力和坚毅。

文县，一个有山有水有梦的地方。梦如星空，哪怕再微弱，却一直都在。

既然选择了前方，便只顾风雨兼程！

无论走过多少荒芜

北京大学 2010 级本科生，2012 年志愿者

你说你的家

在地图上看不到的地方

我却用它来寻找光明

把彩虹挂在梦梢

……

一

依然记得看到"百人计划"宣传海报的那天，绿色的图案，就像夏天的明媚与清新。甘肃，一个被称作大西北的地方，一片被认为是关于沙漠和骆驼的土壤。但那里，承载着我深深的情感，因为，它是我的家乡。静静的黄河水，穿城而过，温润而安宁；百年的中山桥，横跨南北，低沉而厚重。

如果家庭关乎历史、传统的延续，我们出生、成长的土地也定会在

每个人的身上留下痕迹。这种融于时光的朴素情感，像波纹一样，层层推及，支撑着各种共同体的记忆。

燕园，以她百年积淀和宽广胸襟，吸引着天南海北的学子。也许，从迈进大学校门的那刻起，我们就已约好，不见不散，就像《燕园情》里的字句："眼底未名水，胸中黄河月……"

二

我时常问自己，我们短暂的文县之行，究竟能给那里的孩子带来什么？就像迁徙的候鸟，有来有往，穿梭不息却总有着归期。我们真的能够给予他们学业上的帮助吗？如果寄望于他们未来的生活轨迹因为一次暑期支教而发生了积极的改变，即使不是虚妄，至少也是一种不现实的期许。对于短期支教的"攻击"，或许有着各自的逻辑，但如果仅仅秉持着"法虽不善，犹善于无法"的基本认知，这种自发的志愿行为，就应该有其自身的价值，无论短期还是长期。

有时候，我们在看待一些问题时，需要的不只是眼光，还有一点点距离。

从文县回到家中，整理着那些支教时的照片，我忽然间意识到，我们的快乐与难忘似乎始终是以己为中心的。那些孩子们真的因为我们的到来有了改变吗？最令人痛心的发问，莫过于在"知识改变命运"的后边，加上一个问号。知识真的能够改变命运吗？中学语文的第一篇课文《在山的那边》，给了我们多少美好的憧憬。但山的那边是不是海真的那么重要吗？即使是海，又有多少人能够走出困居一生的大山呢？这些问题，终于在我看到一些参与支教同学的文章后，有了模糊的答案。

"甘肃的小妹妹来信了，还寄了六颗板栗……"

"孩子们，我想你们了，想你们叫我孙老师……"

同样一种经历，对于不同人群而言，可能有着主体、客体的区分，我们当然不能用自己的感受取代孩子们的感受。如果承认个体对于与己有关的事务有着高度裁断权的话，我们至少可以以志愿者的笔触写下回

自信自爱　团结求实

孩子，是想象力，是希望，是未来

顾和祝福。在我的书桌上，保存着64张明信片，它们有着同样的寄件、收件地址，盖着同样的邮戳："甘肃文县"——孩子们从文县寄来了贺年封。时间过去了那么久，我已经不能想象自己初次收到它们时的感动与震撼了。时间、环境的变迁会平息我们在某个瞬间涌上心头的强烈情感，但那份温暖必将伴随我们前行。

其实，我们能够带给孩子们的，早已不是有形或无形的知识，不是回答了他们在作业中遇到的问题，更不是有关"外面的世界"这样抽象、庞大的话题。我们只是想让孩子们知道，一直有人在关心着他们的成长。可能近在身边，也可能远在天涯。也许我们连你的名字都没有办法记下来，但每一个孩子的成长，都应该受到尊重，都应该被给予大致平等的机会。从小小的树苗到参天的绿荫，要经历多少朝朝暮暮。请不要将他们遗忘。因为，孩子，是想象力，是希望，是未来。

三

91人的队伍，半个月的行程。即使是回到燕园，我还是固执地喜欢那件"百人计划"的T恤衫，因为在它的背后，有用所有人的名字拼成的甘肃省地图，它承载了那年夏天太多珍贵的回忆。

　　还记得出发前一次取出了七个队伍的车票，握在手中，厚厚的一摞，我忽然间有一种当"票贩子"的快感。在前往广元的火车上，大家欢声笑语，如同结识了很久的老朋友。夜晚的硬座车厢，男生们轮流值班，为大家看管行李，连续几十个小时不能合眼。我们每天有着几乎一样的作息，走着几乎一样的路线。一起备课，一起吃饭，一起在凌晨四点爬起来看伦敦奥运会开幕式，一起玩游戏，一起看赛事直播，一起爬山，一起笑……很喜欢一位同学说过的话："很快乐不是因为爬山，而是因为大家能够在一起。"

　　燕园里，有太多年轻人，有太多脚步。每个人都有自己的航向，刻画着自己的轨迹，集体的归属已是一个略显陌生的词语。但在文县的那些天，我们真的再次重温了这种归属的体验。也许只是一个小小的善意的提醒，一阵清晨、午睡后的敲门声，一双帮忙拎东西的手，一瓶上完课递过来的矿泉水……细微的关怀，却是记忆里长久的片段。

快乐是因为大家能够在一起

四

初到文县一中，就看到了学校公布在光荣榜上的学生姓名和考试排名。在众多的班级中，我发现了自己即将走入的高三文科实验班，发现了那个写在第一位的女生的名字。生活就是那样充满巧合，在第一次的分组交流中，她就出现在了我所在的小组。长长的头发，清秀的面容，礼貌的言语。她真的很优秀，一次历史课，支教老师提问中国的宰相制度是什么时候废除的。当其他同学还在历朝历代间犹豫时，她不假思索地、轻轻地说出了具体的时间。台上的学姐一定没有听到，但在她身旁的我，听得那样清晰，心里那样佩服，那样赞叹。晚上回宾馆后，忍不住和家人在电话里说起了那个女孩，美好得如同才露尖尖角的小荷。

后来，她发短信给我，说要送给我她刚从冰箱里取出的葡萄。再三的推辞后，她还是带着礼物出现了。两串晶莹的绿葡萄，还带着小水滴。简单的问候，却看得出她细腻的心思。直到开学后，我们还保持着联系。多希望，美好的女孩，有美好的未来。我会默默为你加油。

离开文县的前夜，孩子们自发来到宾馆，带着大袋大袋的水果、面包，带着精心包装的礼物。除了感谢，我们竟一时间难以想出其他的词语，留给那些可爱、真诚、善良的孩子们。出发时，还是凌晨三四点，夏天的天都没有亮。道路旁，车窗外，竟有几个孩子的身影。他们的目光，急切地寻找着自己班级的哥哥姐姐。挥手的那刻，低沉的夜色挡住了孩子们的表情。我不知道自己当时的心情，脑海里也没有那么多念头和想法，但对于他们，我们还是有些小小的愧疚和遗憾。没有来得及记住他们每个人的名字，没有来得及和他们讲讲燕园里的故事，没有来得及告诉他们你们是多么优秀的孩子！这里，并不是一片富庶的土地，这里，没有车水马龙的都市场景，但心灵的安宁不也足够珍贵吗？

五

无论走过多少荒芜。

这是我在支教最后一天送给孩子们的话。是尾声，更是新的开始。

若干年前的我，小心翼翼地收集着《读者》里有关北大的点滴。红楼的厚重，燕园的积淀。多少向往，多少追寻。那时的我是那么笃定，竟然从来没有想过考不上北大该何去何从。原来，梦想就是这样，给予你勇气，让偏居一隅的小宇宙，也有看到光亮的那一天。本科的四年，在楼前银杏的飘落中静静流走，虽然还将在这里度过更多的读书时光，但那种结束时才有的不舍仍不经意地划过心间。记得燕园每一个小时的模样，记得深夜回来经过百年讲堂，抬头就是满天星光。最美的求学路，莫过于"三人行必有我师"的汇聚，莫过于对个人价值的坚守，对兴趣所向的由衷追寻。

还说什么呢？梦想的颜色，是幸福在闪烁。

梦想的颜色，是幸福在闪烁

文县之行，我们留下什么

北京大学 2010 级本科生，2012 年志愿者

  从甘肃文县支教回来已经将近三年的时间了。到现在，知道我曾经有过支教经历的人，聊起来时总还是会问一问那时的经历如何、有什么收获。我逐渐意识到了这段经历的确弥足珍贵。一是以后再难有这样的机会参加这样组织成熟的支教活动；二是随着时间的不断推移，支教那段日子留下的感受也在不断被锻造，历久弥新。所以，两年之后回顾文县之行，有了更多东西让我去思考。

  我不是一个擅长抒情的人。回忆起两年前与孩子们日日相处的时光，自是有很多感动；翻看当时每天晚上写的小日记，不禁莞尔。但现在想再详细说一说那些触动人心的细节，竟是笔拙到写不出当时的感觉，只好遗憾地留作内心深处的珍贵记忆吧。这里就说一下两周的支教活动带给我的思考，其中有启发，也有困惑。

  在前往甘肃之前，和朋友聊过一次。他说："你才去半个月的时间，能给学生讲多少知识呢？他们又能记住多久呢？"到了文县，前去支教

的志愿者被分为两组；一组去重点班进行不同科目的辅导；另一组去平行班，根据和校领导沟通的结果，不专门辅导科目知识，而是与学生们"聊天"。我恰好被分在平行班；临时受命，之前准备的物理教案也用不上了，和另外一个师姐策划了一天，想出了一套授课方案，包括素质拓展、讲座、影音课等等，争取十几天下来能不重样。紧急准备之后，终于开始站上讲台了。从第一节课开始，学生们就对我们这些新老师具有特别高的新奇感和热情。无论课上还是课下，每个老师身边都围着一大群学生。但这些学生又有一个一致的特点——内向。

两个小时的课程，有的时候是做素质拓展游戏，有的时候用幻灯片做讲座，有的时候干脆就是聊天交谈。因为孩子们正是活泼的年龄，所以课堂气氛总还是热闹的。只是一旦进行到要介绍一下自己或者说一说自己的故事环节，哪怕是同学之间互动一下这样的环节，学生们就会一下子变得很害羞、内敛，只腼腆地笑着，并不敢多跨出一步，直接说出自己的想法。去重点班那边看过，相比之下课堂很安静，一个老师分别负责几个学生，除了问题解答外，额外的交流可能更少。因为县城很小，学生们都住在学校附近。结束了下午的授课之后，学生们便三五成群地来到志愿者们居住的小院子，有的继续问题，有的则是前来谈天。渐渐地，我发现孩子们有了变化。一开始无论男生还是女生，有的只是静静地站在旁边，像是有话想说却又不知怎么开口，只是听我在说话。慢慢地，有孩子开始主动发起话题，问我大学上课的时候什么样子，或是给我讲他们家今年都种了什么作物。有一天，一个女生放学后在操场上等我，和我说她觉得她和妈妈现在很难相处，这让她很沮丧。虽然按规定我们不能随便给孩子们进行非专业的心理辅导，但我依据自己的经历和故事，就像朋友坐在一起和她聊了很久。有的时候我们知道，像这些问题不是一句话两句话就能解决的。而让我们兴奋的，是孩子们终于开始主动和我们沟通、交流。我们都从那个年龄经过，过后再回想，发现当时纠结的种种问题其实并不复杂，很多事情只要勇敢跨出一步，与家长、师友说一说就解决了。而这里的孩子们，缺少的恰好是这样一步。

哪怕是教授重点班的志愿者们也发现，几周下来，孩子们掌握最好的不是那些志愿者老师上课总结出的要点，而是晚上在小院子里他们自己拿着习题册来问的各种问题。

又想起朋友问到的那个问题。半个月的时间，我们的确不能给予太多；已经告别高中知识很久的我们，授课水平也未必有学校那些经验丰富的正规教师成熟。作为短期支教的志愿者，我们最大的优势，是学生对我们的新奇感和亲近感。固定模式下的学生，习惯了接受知识、价值观的传输，而缺少对自己的梳理。志愿者们并不需要苛求自己再给孩子们多传输一些，而是应该利用自己的优势，启发学生们需求与探索的能力。给予，反倒不如引导孩子们向我们"给予"。几周的授课自然很难长久地留存在他们的记忆里，但这种能力能让他们在未来的人生阶段都有所受益。

说到这里，又想到一点题外话。如果我们的确启发了学生们去思考自己的人生追求，那我们支教老师的任务或者说限度是什么？听过很多同行者告诉学生要"走出去""上好大学"，早早就为学生们制定好了奋

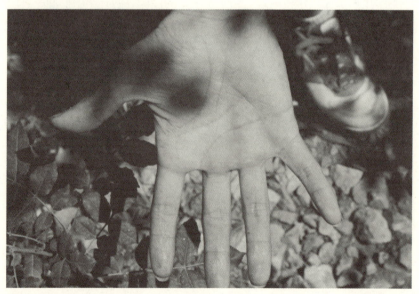

给予还是被给予

斗方向。这个年龄的学生，很容易接受外来的引导。但这样的引导，反倒可能让学生缺失了人生最重要的一步，就是为自己做选择。人生的目标是多元化的；社会对于"优秀"的标准是一致的，但盲目地循着这个方向前进，即使最后达到目标，也许还是迷茫的。所以，如果我是一名老师，我希望学生在"奋斗"之前，永远不要缺失"思考"这一步。个人而言，我并不一定佩服功成名就的人，而是那些一旦选择了就坚持到底的人，哪怕这个目标是一辈子种田，都是伟大的，因为这种决定是成熟的。我记得当时每节课都会说，"希望你们能做聪明的人"。这个聪明，并不是希望学生得多高的分数，考多著名的大学；而是学会从现在开始自我审视。很多学生告诉我，不想学习的原因是因为不知道为什么学习。而聪明的人，恰恰是能够将未来的生活状态和现在需要做的准备联系在一起，并且沿着选定的路坚持走下去那些人。对我来说，只要能让学生们开始想，哪怕是开始迷惑，都已经足够了。至于选择什么样的人生，不是任何人能用既有的价值观去替他们规定的，必须由他们自己做出选择。

文县支教感想

胡凤潮

北京大学 2010 级本科生，2014 年 2 月志愿者

蜀道难，难于上青天。从北京到文县，途中经过无数次跋涉。文县周边环境确实险恶，四周都是高山，路旁都是滑落的碎石，光是看司机开车都让乘客提心吊胆。

在这样的一座小城，还有很多笑容羞涩的少年，他们一直在欢欣鼓舞地等待着我们。我们的到来对他们来说是一段高三忙碌复习时的休憩时光。我们每一次把头探进教室都能听到掌声雷动，无数张热切又有些涨红的小脸看着你，你顿时感到无上的光荣。台下的同学和我们有着不同的身世经历，我们试图去理解他们的想法，这好像很容易却又很困难。我们长途跋涉从而促使的存在本身是否就是一种意义，抑或是一种无心的破坏？就像《忧郁的热带》中列维－施特劳斯的纠结与彷徨，人类学好意的介入与凝视会否给他们平静的生活平添波澜？

带着这样一颗纠结的心，我开始了支教的生活。我精心准备了很多图片和素材，想把我的所见所闻与他们一起分享。我讲了燕园山水、校

园辩论赛、国外游览感悟，也讲了"苦逼"而闷热的高三岁月，更分享了很多青春趣事，引起了同学们的强烈共鸣。临走时，他们送我们回到宿舍，依依不舍地要联系方式。从他们的眼里，我看到了不舍，也看到了活力与希望。

后来我才逐渐发现，一切都是共通的。我们想象的差异始终小于生活赋予我们的共同之处。善良与美好本身就值得憧憬，不管你身处何方，又有何种境遇。山村里的孩子和城市里的孩子都渴望关怀，都渴望忙碌而平庸生活中的正能量，都渴望幸福本身。或许我们的世界离他们万分遥远，但我们生活中的酸甜苦辣与他们生活中油盐酱醋未尝不是同种滋味。在险恶的山水中，又何尝不能看到还有外面的世界？

我深知我们此行对他们的人生未必有什么重大而具有转折性的影响。不过，其中一项重要的意义，就是我们内心的成长。不要因为过多的犹豫与忧思而退缩，想做就勇敢去做。世间之事本无对错，但想得多了就自己把自己束缚住了，敢想敢为之时，何须作茧自缚呢？不如且行且珍惜，在实践之中发现生活的真谛。

行到水穷处，坐看云起时。

微不足道的关心请收下吧

郑天立

北京大学 2012 级博士生，2014 年 2 月志愿者

那是在文县一中支教的最后一天。

近晚九点，意味着我们在文县一中的支教活动就要画上句号。我站在讲台上，回答完最后一个提问，深吸一口气，准备告别，却看见前排一个略有些羞涩的男生站了起来。

他对班里的同学说："我们来为天立姐唱首歌吧！"

起先是低声的哼唱，然后歌声如流水般淌过一人，就又多了一个声音的应和。

"总是向你索取却不曾说谢谢你

直到长大以后才懂得你不容易

每次离开总是装作轻松的样子

微笑着说回去吧转身泪湿眼底……"

这首筷子兄弟的《父亲》，乍听起来让人觉得并不应景。可孩子们唱得是那么认真，羞涩微带着颤的声音，就那样直直打入我的心窝。

我站在台上，一股莫名的情绪涌起，是感动夹杂着离别的哀伤，是欢愉又添上些欣慰。直到听到"我愿用我一切换你岁月长留"和"我能为你做些什么？微不足道的关心收下吧"两句歌词，泪水瞬间湿了眼眶。我只能一边不停鞠躬说"谢谢"，一边拼命用手将眼泪往回赶，最后狼狈不已地对大家道了一声"再见"，就夺门逃出。

出门的一刹那，眼泪立刻奔涌而出。

眼前仍是孩子们那一双双羞涩的眼睛，耳边依旧回荡着一句句真诚的祝福。我既感动又觉得张皇失措，只因深知自己所做的还远远当不起他们这样的感谢祝福。相比这段支教经历带给我的感触，相比从他们身上学到的东西，我的所作所为才正应了他们所唱的歌词——"微不足道的关心收下吧！"

回想过去的几天，我们放下经年累月负着的生活之轭，从快节奏的城市中逃离，如一只旅鼠般向往着干净的土壤。我们来到这干净的小县城，心中最初的确存着付出和奉献，可也不乏新奇和玩乐之心。然而，当我们真正接触到这些孩子，耳闻目睹灾后重生的文县现状，内心更多的是一种想要帮助却力不从心的无奈。

短短几天，我们一直面对着即将迎接考试的高三同学。若是上课反而会打乱他们的阵脚，因而只能以"励志讲座"的方式来与他们交流。这些孩子，他们或对外界充满期盼，心中犹带着抹不去的畏惧；或已然在一次次努力又一次次失利中放弃，将我们的建议视为灵丹妙药。他们皆背负着家庭的期望和父母的嘱托，即将迎接千军万马走钢丝的高考筛选，不知有几人能过关斩将，又有多少人会面缚舆榇。在如此紧要的关头，我们这些在他们眼中带着"天之骄子"光环的高才生，来到了他们的面前，仿佛是被老天派来赐救命稻草一般受到了重视和追捧。

可我们不是良医，开不出灵丹妙药。事实上，面对"我应该复读还是直接进入一个较差的大学""专科和技校应该选哪个"等问题，我甚至有畏惧感，只能从以往多方面了解到的信息，拿身边人真实的经历来现身说法，生怕一句不谨慎的建议，就会影响甚至改变一个人的一生。

随着交流的深入，我们分享的越多，收获的越多，看到的问题也越多。可我们面对已有的问题，却深感力不从心。老师们说这里的孩子基础差，能考上一本的实属少数。然而基础问题却不是短短几年高中教育就能弥补的，它所反映的是一个长期的现实，它需要专业的老师从小学抓起。可全中国那么多的小学，需要那么多的老师，在这穷困的山沟沟里，有多少专业的老师愿意过来，又能够过来呢？我们解决不了这些问题，只能贡献出一些应试技巧、高考经验，希望能起到一丁点儿的作用。

当我凝望着孩子们清澈的眼神，觉得他们就像学校外奔涌的白龙江，让我每每为翠绿景致、清澈河水欢喜，但更多时候，我不忍看河边污浊漂浮之物。我无能为力，只能屏息闭目、匆匆经过，忍着心中硬生生的疼痛，唯留下一纸单薄的联络方式，期待能在他们需要帮助的时候提供帮助。

也许，仅此而已。

相比这"微不足道的关心"，我在他们身上收获的更多。他们从穷苦中成长出的坚韧，他们的淳朴善良，都不停感动着我。同时，每一晚的讲座话题都让我重新梳理反思自己的过去，当忆及曾经觉得痛苦不堪的往事，如今终于能心平气和地讲述，以"过来人"的语气告诉他们"吃亏是福"，全没有扒开伤疤供人观瞻的痛苦。我想我能深刻理解他们在重压下的不堪重负，他们的焦虑与无助。我对他们说："如今的年月，一点点委屈都会被放大成一整个世界，而经过之后回首才看得清自己当初是多么幼稚。"我想当经历过高考的洗礼，无论他们去向何方，走向何地，若真能以平和从容的态度应对困难，这或许是我此行最大的意义，也是最大的收获。

如今，QQ上也会闪烁着他们的头像，时不时还能聊一聊近况。我想我爱上了志愿工作带来的独有幸福，日后若有机会，定会再去文县与他们相见，或者，加入 NGO 组织，去帮助更多的人……

我想再一次对他们说："微不足道的关怀，请你收下吧。"

荒芜中的油菜花

——记甘肃文县支教之旅

陈 娟

北京大学 2013 级研究生，2014 年 2 月志愿者

现任北京大学对外汉语教育学院研究生会副主席

　　我总以为人生的每一步都充满着意义，正如达达的马蹄声或许让等待归人的守望者误会，可它依然充满了各种美丽的可能性。它的美丽在于让守望者更生动地体味对于归人的情感，更能感受到守望他人时的那份坚守的喜悦和辛酸。它的美丽也在于当我们也是过客时，达达的马蹄声能给人带来希望和与守望者擦肩而过的相视而笑。带着这样的信念，我踏上了我的甘肃文县之旅。

　　生活在南方的孩子早已习惯了延绵起伏的丘陵和略微带着一丝娇羞的山峰，它们灵动秀美，婀娜多姿。而坐在开往文县的大巴上，一路陡峻的山峰、裸露的岩石会让你有点喘不过气来，山峰间仿佛在进行拉力赛，寸寸相逼，或许是双方的选手太过投入，山体上的大块岩石常常突

然滚落到公路的中央。沿着这么陡峭的地势，盘旋的公路九曲回肠，甚至比泰山的十八盘还要来得惊心动魄。而与这种险象环生的地质地貌相反的，则是两山之间悠然流淌的大河，清澈地泛着浪花，甚至能想象捧着这捧河水时，清凉入心的舒适感。险山却配着一股好水，大自然真是鬼斧神工。于是我心里在暗暗盘算，如此闭塞的交通，生活在这种环境下的人们究竟是怎样的生活状态？他们是否有着苏东坡笔下铁板琵琶式的西北气势？一路的颠簸更增加了我对文县的期待。

大巴缓缓地开进了文县一中，高三的学生们正在上课。我当时内心窃喜：总算不必面对每个楼层伸出的小脑袋，互相推搡、争先恐后、叽叽喳喳议论的场景，因为我总觉得我们的到来不是为了惊动这一群亟待鼓励和慰藉的学生，而是回到都曾经历的高中生活，和弟弟妹妹一起去品味人生中一个让人又爱又恨的学生时代。

文县一中老师贴心细致的安排立马扫去了我们一路的风尘仆仆。我终于能安顿心情去打量这个离我的故乡——湖南浏阳将近 1500 公里的地方。阳光温润不刺眼，空气里弥漫着别样的味道，我无法准确描述，但我知道那一刻我正在一个陌生的西部小县城，远离了北京的雾霾，远离了我的乡土，独自站在只有书声的校园。或许未来的某年某月我依然如浮萍般在川流不息的城市里生活，但忘不了那一刻初到文县，那里的风景带给我的乡愁和内心的某种安详。

接下来的几天，生活充实得让人来不及喘息，因为我们每天的行程都很紧张，上午的生活被县城调研、座谈、走访贫困学生和家庭等一系列的活动填满。而真正让我感触的是与高三学生的交流。在不同的班级，我变换着各种各样的风格，有时故作深沉，跟他们谈起我的经历，谈我对人生的看法；一会儿我是讲台上幽默风趣，卖萌讨巧的"萌姐"，一会儿又是霸气外露，秒杀所有高考复习科目的"娟哥"。这样做当然不是为了标新立异。虽然我确实是个风格多样的人，但那几天风格的变化却与他们给我反馈的情感有着莫大的关联。

在文县一中会议室做完了集体的高考交流，我们就被分配到各个班级。作为全团为数不多的文科生，我需要负责 2 个班级。自来熟的性格让我很快与这两个班的同学打成了一片，我将他们分成了几个小组，让他们讨论这样三个问题：两年前自己最骄傲的事情；如果时光能够倒流，他们会不会依旧会选择过两年前的生活；未来你的目标是什么。我设置这些题目的本意只是想告诉他们，活在过去的懊恼和成就中，或是陷入对未来的惶恐不安与无限期待，远不如活在当下，过去的你改变不了，未来的你或许抓不住，而现在的每一天你都在经历、感受，这才是最真实的存在。我按着自己的设想，一步一步在引导。他们稚嫩的小脸庞已经被高考的压力折磨得失去了某种灵性，幸运的是我听到了属于一个小女孩儿的幸福——两年前她结束了走读生涯，考入了文县一中。她一边说着，羞涩的表情下满满都是幸福；可是提到现在，她刚才那暗涌的喜悦忽然变为一种无奈，因为基础不好，她对未来充满了担忧。我捕捉到这种细微的情感变化，完全不觉得惊讶：因为我也曾经历过，谁的青春又是一路平坦的呢？紧接着，下一个男孩居然让我有点心痛："我人生最美好的事情是上高中，最悲哀的事情也是上高中。"他十分瘦小，讨论的时候远离同学，我便让他当讨论组长。我原本不应该惊奇，教育甚至成长早已经被浮躁的社会歪曲成了职业训练营和功利主义工具。可是当你真正看到那么青春的少年不带一丝做作地在你面前说出这样的话时，我承认，那时我还是震惊了。我迅速调整自己的情绪，为了避免尴尬，我的脸上没有露出一点震惊的表情。我首先赞赏了他的勇气，然后告诉他大学的意义，告诉他此刻参加高考的意义。照我以往的心态，我会觉得心安理得。而那一刻，我突然从内心里升起了一股悲凉。这种悲凉或许并不仅仅来自中西部、城乡的教育差距，更来自对青春的某种感慨。我们在少不更事的时候总是犯错，犯错虽然不可怕，但有些错误，一旦你犯下，所有未来你可能经历的道路就可能彻底地与你告别。成长总是带着伤痛和懊悔，但是不是青春的意义也正在于此呢？

接下来的两天，我揭开尘封的记忆，跟他们说起了我的童年和成长的经历。他们当然不会想到，站在他们面前活泼开朗、卖萌又不乏人生浅薄见地的我比同龄人经历了更多。我不愿意和熟悉的人抱怨，因为我始终坚持着这样的信念：让我身边的人因我的存在而温暖。我说着自己的故事，教室突然悄无声息。突然之间，算是久经沙场的我猛然有了些许的紧张。人最难的是解剖自己，而最残忍的莫过于在别人面前，将自己解剖给别人看。可面对迷茫的他们，在他们想要进入大学的梦想面前，我又何尝不能牺牲自己的那些自我解剖呢？于是，我的真诚换来了数十条短信，他们的短信中有迷茫，有洒脱，有苦闷，有不安，有感动。看着他们的短信，就如同去触摸我所经历的高考青春一样。他们亲切地称呼我"娟哥""萌姐"，我感觉那一刻我与他们的心是那么近。深夜里我一一回复他们的短信，并且珍藏着。我从他们身上体味到了青春向上的姿态和勇敢面对生活的斗志。有一个小女孩深夜给我发来了一条短信，她的姐姐刚刚因为先天性血癌去世，在我没有来之前，她意志消沉，曾经想过自杀。但我的到来，让她重新找回了方向。那一刻，我内心里的感动不言而喻。我做着最平凡的事情，却因为我的努力、我的真诚，将一个人从崩溃的边缘拉了回来；我所信仰，我所坚持的，终于不仅仅是激励我一个人前行，更在他人曾经荒芜的心上重新浇灌出一朵花来。于是，我愈发坚信，我们所经历的一切总是有意义的，人与人的交往折射出的不仅是别人，更是自己。正如一个小男孩在短信里写的那样："其实你们来这里并不是支教吧，我觉得换个说法更贴切，你们来这里，是给了我们一个方向。在你们来之前，我觉得上大学只是一个过程，就是工作前的准备，我并没有对大学有很多的憧憬，只是单纯觉得要上大学，赤裸裸被洗脑了觉得上大学是被安排在人生里的。可你们来了之后带来了很不一样的感觉，让我觉得很期待很兴奋，让我改变了，之前学习的时候都是咬牙坚持下去的，可最近上课的时候自己也有一种求知的欲望，心里很激动，也说不明白是为什么。"我们一行 16 个人来到文县，从来不曾想过我们的到来会带来怎样的影响，只是捧出我们所有的真诚，竭尽全力去温暖我们遇到的每一个人，做好每一件事。然而可能就是这种不求回馈和踏实认真的态度，让我们、让文县的孩子都收获了成长。

　　回京的路上，依旧是盘旋的山路，可我已经没有了南北差异的惊奇感。稀稀拉拉生长着各种小树的山体上赫然长出了金黄的油菜花。再荒芜的地方，总会有这样的生机去催发人的希望。明年，你们依旧会开得这么夺目吧！

活动总结

李　晓

北京大学 2013 级硕士，2014 年 2 月志愿者

　　离开高中生活许久，六年之后重又踏入高中校园，18 岁时那份青涩与激情似又重新涌上我的心头。看到文县一中的同学们期待的样子，我想到了自己在同样的年龄对于大学的渴望。同时我也提醒自己，自己所说的每一句话可能都会被记在心里，所以我必须给他们传递正能量。

　　在跟同学们交流的过程中，我能感受到每个人对于大学的渴望以及面对高考的彷徨，虽然我们也都在讲最后的 100 天要如何复习，把我们所知道的学习方法尽可能传达给他们，但是我也怀疑这些对他们能有多大帮助。相较这些方法，我们更多的是给他们传达了一种信息：未来很精彩，人生一定要不停攀高才能看到更多的风景。在整个活动中，我所传达的关键词是：青春、梦想、奋斗。正如在见面会上我所说的：当事情结束的时候，要能问心无愧地对自己说，我已经尽我所能。人生所有的不成功，可以是因为我不够聪明，可以是因为没有机会，也可以是因为一时得失，但是绝不能是因为我没有努力。我希望我们此行可以

唤起一些学生对梦想的渴望和坚持，正如我的队友说的，哪怕有一个人因为我们而有所改变，我们的活动就是有意义的。

在给同学们讲课的过程中，我从一开始的紧张不安到后来的淡定自若，这个过程让我学会了如何准确表达自己的想法；和队友们一起讨论、发问卷、做访谈、资料整理，也让我对于社会调查有了更深刻的认识；听老红军讲故事，我被老人的英勇事迹深深感动，让我明白了现在每天的生活是建立在多少人的牺牲之上。除了活动本身让我得到成长，团队的每个人都如此优秀，每个人都有自己独特的魅力所在，让我学到太多。我们 14 个人的友情也是这次行程的巨大收获，我相信我们的友情会一直延续下去。

那些日子

熊 韦

北京大学 2013 级本科生，2014 年志愿者

离开那片大山已经很久了，我还依然清晰地记得那里的山、山上的树、天上的云，依然能感受到和孩子们在一起的快乐，依然体会得到身为"师长"的那份责任和身为姐姐需要的一份关爱之心，依然忘不了第三组所有队员在一起的欢声笑语。

短短十天的相处，我不知道我们留给那里的孩子多少东西，也不知道这些东西究竟多久就会被时间的浪花冲刷干净。刚去的时候，我怀着一颗去支教的心，想尽可能把学习的方法、做题的技巧系统地讲给他们。就算这些东西很应试，当时的我也发自内心地觉得这些东西最实用。我们去支教时正是暑假，留下来上课的一百个孩子都是成绩较好、有希望考上好大学的同学。在他们身上，我深深地感受到对知识的渴望。这些孩子里，有天资聪颖、活泼好动的男同学，也有安静认真的女同学。课堂上，男孩子积极踊跃地发言互动，女孩子安安静静地听讲，可是她们的眼睛却一刻不曾离开我们的眼睛和在黑板上飞舞的粉笔。我

想，十天的时间，讲清楚一门学科的思维方式、学习方法固然可以，但是让他们理解这些方法并能应用到自身，却远远不是十天可以完成的任务；而且这些方法很容易就会成为脱离实际的东西，我们离开之后，他们也会很快忘记。究竟该怎样做才能最大限度地用好这十天呢？现在回头看看我们一同走过的十天，我才明白，我们一行人本身就是一种力量。出生地无法选择，但我们可以选择走向哪里。在大山深处的这群孩子，他们渴望出去看看外面的世界，渴望用自己的力量走出自己的路。知识是他们的翅膀，也是他们唯一可以依靠的东西。他们就像山上不知名的野花，路人不曾关注过这样的美丽，但是用照片机把它们拍摄下来，放在一个可以展览的地方，大家就会被它的娇媚吸引驻足。而那个放映仪就是这些孩子需要追寻的舞台，他们渴望的外面的世界，而学习则能让他们不断完善自身，拥有登台的勇气和完美！

和孩子们一起玩游戏

1
—
2

1. 安静认真的小女孩

2. "百人计划" 志愿者合照

　　这份渴望不会消失，因为它充满了孩子们最柔软的内心。他们用最坚毅的眼神一遍遍对我诉说：我们并不比别人差，我们可以用自己的聪慧走出大山，绽放自己的光彩。他们也用淳朴无瑕的内心带我感受了这一方水土，这一片情。支教第一天就有一个小女孩认真地对我说："姐姐，我不相信有做不到的事情，不去试试，怎么知道自己不行？就算试了之后失败了，那一定是自己努力得还不够。"她那亮晶晶的眼睛，就像这里夜晚璀璨的星辰一般，美丽无瑕。他们身上不加修饰不加雕琢的最美好的情感一次次触动着我，如同那璀璨星空给我的震撼一般，永远闪亮在我的生命里。

　　这十天和平时的每一个十天一样逝去，我又回到了燕园继续日复一日的大学生活，他们还在学习高中知识，改变的不仅仅是相机内存里的照片，而是我们更加坚定的内心。我们更加坚定地相信未来，而这份相信将在我们的一举一动中敦促着我们，鞭策着我们，还有比这样的心情更美好的东西吗？

图书在版编目(CIP)数据

和孩子们一起成长：文县教育援助"百人计划"纪实 /
樊志主编. —北京：社会科学文献出版社，2015.6
ISBN 978-7-5097-7582-0

Ⅰ.①和… Ⅱ.①樊… Ⅲ.①教育－文集 Ⅳ.①G4-53

中国版本图书馆CIP数据核字（2015）第116465号

和孩子们一起成长
——文县教育援助"百人计划"纪实

主　　编 / 樊　志

副 主 编 / 金　鑫

执行主编 / 侯　琳

出 版 人 / 谢寿光

项目统筹 / 邓泳红

责任编辑 / 周映希　韩祎然

出　　版 / 社会科学文献出版社·皮书出版分社（010）59367127
　　　　　　地址：北京市北三环中路甲29号院华龙大厦　邮编：100029
　　　　　　网址：www.ssap.com.cn

发　　行 / 市场营销中心（010）59367081　59367090
　　　　　　读者服务中心（010）59367028

印　　装 / 三河市尚艺印装有限公司

规　　格 / 开　本：787mm×1092mm 1/16
　　　　　　印　张：19.25　字　数：268千字

版　　次 / 2015年6月第1版　2015年6月第1次印刷

书　　号 / ISBN 978-7-5097-7582-0

定　　价 / 68.00元